HELMUTH VETTER

DER SCHMERZ UND DIE WÜRDE DER PERSON

HELMUTH VETTER

DER SCHMERZ UND DIE WÜRDE DER PERSON

VERLAG JOSEF KNECHT · FRANKFURT AM MAIN

CIP-Kurztitelaufnahme der Deutschen Bibliothek

Vetter, Helmuth:
Der Schmerz und die Würde der Person / Helmuth Vetter. – 1. Aufl. – Frankfurt am Main: Knecht, 1980.
ISBN 3-7820-0450-7

ISBN 3-7820-0450-7

Gesamtherstellung: Wiesbadener Graphische Betriebe GmbH, Wiesbaden

Dem Andenken meines Vaters

INHALT

EINLEITUNG

Der folgende Traktat über den Schmerz bedarf nach Absicht und literarischer Gestalt einer einleitenden Erläuterung. Seine Grundintention soll dabei in einer umrißhaften Vorwegnahme des Inhalts verdeutlicht werden.

Es ist das Ziel der vorliegenden Untersuchung, auf einige wesentliche Merkmale, die zur *Erfahrung* des Schmerzes gehören, hinzuweisen. Der Akzent liegt hier auf dem Wort »Erfahrung«. Ich gehe dabei von einem allgemein einsehbaren Tatbestand aus.

Wir werden heute in vielfältiger Weise mit Krankheit und Leiden, mit unverschuldetem Leid und solchem, das Menschen einander aus Unmenschlichkeit zufügen, konfrontiert. Der öffentliche Nachrichtenvertrieb versorgt uns mit einer Unzahl derartiger Informationen. Zugleich aber steht die gleiche Öffentlichkeit einem ernsthaften Sicheinlassen auf dergleichen Phänomene im Weg. Weil für sie das jeweils Neueste zählt, kümmert sie sich nicht weiter darum, ob ihr Tun Früchte trägt oder nicht; die Aktualität ist ihr Maß. Daß einzelne Menschen auch auf diese Weise betroffen werden können, soll nicht bestritten werden. Doch wird die Mehrzahl durch diese Art der Information zu bloßen Zuschauern, Menschen also, die von dem, was sie sehen, so in Beschlag genommen werden, daß sie auf eigenes Handeln vergessen. Die Fülle einander jagender Eindrücke läßt selbst den größten Ungeheuerlichkeiten gegenüber gleichgültig werden. Dazu kommt das Gefühl, wirkliche Hilfe sei angesichts der Übermacht des Bösen ohnedies zu schwach. Der alltägliche Schrecken führt zu einer Haltung der Selbstsicherung, die heute etwa als Mangel an Zivilcourage weithin verbreitet ist. Mit diesem Willen zur Selbstbewahrung vereint sich die Ignoranz fremdem Leid gegenüber.

Es ist freilich eine Illusion zu meinen, ein derart egoistischer Rückzug könne dauerhaftes Glück gewähren. Zudem gerät jener Wille an eine unüberwindliche Grenze: Selbst dem, der von äußerer Not und Krankheit sein Leben lang verschont blieb, bleibt es nicht erspart, sich mit seinem Altwerden und Sterbenmüssen auseinanderzusetzen. Hier, an diesem Punkt, wo jeder beginnen könnte, sich auf sich selbst einzulassen, keimt aber bereits eine neue Illusion: die Hoffnung, daß das Heil vom wissenschaftlichen Fortschritt kommen werde. Schon beginnt man sich eine Zukunft ohne Krankheit und Tod auszumalen. Da aber dieses goldene Zeitalter noch nicht angebrochen ist, muß man versuchen, der Gegenwart zu entkommen. Wenn die Mühen und Schmerzen des Alltags schon nicht einfach ignoriert werden können, so ist es doch möglich, sie zu betäuben. Dieser Fluchttendenz kommt auch die öffentliche Meinung entgegen, die um den jungen und gesunden Menschen wirbt; das Alter ist nur zugelassen, sofern es glücklich und sorgenfrei erscheint. Damit werden aber die großen Widersprüche des Lebens, die Krisen, die zum Leben selbst gehören, auf billige Weise verhüllt. Zum ersten Mal in der Geschichte der Menschheit greift die Meinung um sich, Glück könne einem ohne Anstrengung wie eine reife Frucht zufallen, was früher in Märchen erträumt wurde, sei greifbar nahe Wirklichkeit.

Sich auf das Leben selbst und ohne Verkürzung einzulassen und nicht zu Götzen davonzuschleichen, heißt auch mit dem Schmerz Erfahrungen zu machen. Alle Erfahrung ist in irgendeiner Weise schmerzlich, und sei es nur deshalb, weil wir aus uns herausgehen und uns anstrengen müssen. Ein tapferes und gerechtes Leben ist ohne schmerzliche Verwandlungen nicht denkbar. Auch ist es nicht nötig, den Schmerz eigens aufzusuchen; er kommt zu uns, ehe wir es uns versehen. Das Unvermutete gehört zu seinem Eigentum. Von Martin Heidegger stammt das Wort: »Der Schmerz verschenkt seine Heilkraft dort, wo wir sie nicht vermuten.« [1]

Eine Auseinandersetzung mit dem Schmerz hat aber auch nichts mit dem Trübsinn zu tun. Bei allem Ernst, der dem Thema gebührt, darf doch nicht vergessen werden, daß ein solches Sicheinlassen nicht Selbstzweck ist. Es ist gerade der Melancholiker, das heißt der in seinem Schmerz Verschlossene, der nicht mehr bereit oder fähig ist, Erfahrungen zu bestehen. Nicht diese Verschlossenheit, sondern die Offenheit, die in der Freude und der Liebe gegenwärtig ist, ist das eigentliche Ziel, das freilich ohne Bestehen schmerzlicher Erfahrungen unerreichbar bleibt.

Im *ersten Teil* dieser Arbeit versuche ich, auf das Eigentümliche von Problemstellung und Behandlungsart aufmerksam zu machen. Dies ist allein schon deshalb nötig, weil jede Behandlung dieses Themas, die sich nicht im Rahmen bestimmter Fachrichtungen vollzieht, mit mehreren Einwänden sich auseinandersetzen muß. Zunächst besteht die ja nicht unberechtigte Ansicht, daß ohnedies jeder wisse, was Schmerz bzw. Schmerzen seien. Zugleich damit hat die Öffentlichkeit feste Vorstellungen darüber, daß die Auseinandersetzung mit dem Schmerz innerhalb gewisser Disziplinen, vor allem natürlich der Medizin, in manchen Fällen auch der Psychologie zu geschehen hätte. Nun hat vorliegende Arbeit in keiner Weise die Absicht, mit einer der genannten Wissenschaften in Konkurrenz treten zu wollen. Dies geschieht selbstverständlich nicht aus Gründen eines Besserwissens; Belehrungen aus der Fachliteratur werden dankbar zur Kenntnis genommen. Aber die Absicht dieses Versuchs ist von eigener Art. Zudem wäre eine Abgrenzung zu »der« Medizin oder Psychologie pauschal nicht möglich, da das Selbstverständnis gerade im Bereich der genannten Wissenschaften erhebliche Unterschiede hinsichtlich der Methoden aufweist. Lediglich hinsichtlich eines gewissen Fortschrittspathos möchte sich der Verfasser distanzieren, wobei er offenläßt, ob dieses überhaupt zum Wesen der genannten Wissenschaften gehört. Wissenschaftlicher Fortschritt darf nicht als Selbstzweck verstanden werden, sondern ist daraufhin zu beurteilen, inwiefern er der Humanität dient. Das klingt selbstverständlich, wurde aber durch lange Zeit wenig beachtet und wird erst in letzter Zeit wieder als Problem anerkannt.

Technik statt Ethik – mit diesem Schlagwort könnte man den beunruhigenden Vorgang einer fortschreitenden Versachlichung aller Lebensbereiche bezeichnen. Im Zusammenhang mit der vordem genannten Problematik, das Heil von den Wissenschaften zu erwarten, kann man – mit einem Wort des polnischen Philosophen Leszek Kolakowski – davon sprechen, daß wir auf eine »Kultur der Analgetika« zusteuern[2]. Deren Hauptmerkmal ist es, das Leben zu einem Teil nur zu bejahen – als könnte ein solches Teils-Teils auch wirklich glücken. Man verdrängt, worauf schon hingewiesen wurde, die dem Leben zugehörigen Schattenseiten, den Schmerz (griechisch *algos*), die Krankheit und den Tod. Dies geschieht zunächst mit Hilfe der Unterhaltungsindustrie, wobei Unterhaltung als Droge im weiteren Sinne verstanden werden muß. Die Übergänge zum eigentlichen Drogengebrauch sind fließend, und manches, das dem Anschein nach zum »normalen« Leben gehört, fungiert längst als Betäubungsmittel, wie etwa der steigende Alkoholmißbrauch beweist. Alles, was die Flucht vor dem Leben unterstützt, muß als Droge betrachtet werden, und so gehört auch das Phänomen der Medikamentensucht hierher.

All diese Fluchtversuche erfordern tätige Hilfe. In diesem Zusammenhang zeigt sich der dritte mögliche Einwand gegen einen Versuch, wie es dieser Traktat ist. Dieser Einwand ist dabei nicht themenspezifisch. Angesichts der Erfordernisse der Praxis, so hört man, sei eine Besinnung, die nicht den unmittelbaren Nutzen im Auge hat, überflüssig: Aktion gegen Meditation, um nochmals eine Formel zu gebrauchen. Menschliches Tun ist aber weder pures Agieren, noch kann jede Art von theoretischer Überlegung als Aktionstechnik angesehen werden. Eine solche Auffassung ist keineswegs voraussetzungsfrei. Im übrigen braucht auch die Aktion ihre bestimmten Zielsetzungen, die sich nicht einfach aus ihr selbst entwickeln, also zum Beispiel Grundvorstellungen darüber, was der Mensch sei (und sie hat diese selbst dort, wo sie deren Notwendigkeit oder gar Möglichkeit leugnet). Ein Vorurteil, das hier mitspielt, ist das von der praxisfernen Theorie. Theorie darf unter diesem Gesichtspunkt nur noch unmittelbare Anleitung zum Handeln sein; dies ist aber weder der eigentliche noch der ursprüngliche Sinn von Theorie. Theorie in diesem Sinn ist Besinnung; diese aber ist nicht, wie man es gerne wahrhaben möchte, nutzloser Selbstzweck (es sei denn, man versteht unter Nutzen nur die Brauchbarkeit zur Veränderung äußerer Verhältnisse). Das Ergebnis solcher Theorie sollte nicht bloß ein anderes »theoretisches« Selbst- und Weltverständnis, sondern *ein alles Denken und Tun bestimmendes neues Grundverhalten* sein.

In diesem Zusammenhang wird man nicht an der Frage vorbeikommen, weshalb die Religionen, Hüter der großen Lebensgeheimnisse in der Geschichte der Menschheit, im Zuge der fortschreitenden Technisierung der Welt immer weniger vernehmbar werden. Zwar bleibt zu bedenken, daß sie vielfach gerade durch Anpassungsversuche an Substanz verloren haben. Doch ist der eigentliche Grund dieses Rückganges im Triumph des menschlichen Wissens, das nur noch sich selbst vertraut, zu erblicken[3].

Mit der schrittweisen Klärung der verschiedenen Dimensionen der Frage nach dem Schmerz sollte der Boden für den *zweiten Teil* dieser Arbeit bereitet werden. Hier war die Möglichkeit eines *Weges* anzuzeigen, der zu einem gewandelten Verhältnis zum Schmerz – zu einer Erfahrung des Schmerzes – führen kann. Dabei wird nicht zufällig mit einer Besinnung auf die Sprache angefangen.

Wir sind im ersten Teil von der Tatsache einer Erfahrungsarmut – trotz einer Überfülle von Eindrücken – ausgegangen. Die Gefahr eines flachen und veräußerlichten Lebens kennt jeder. Es gibt aber auch die Gefahr einer zu großen Verinnerlichung, weil hier das Übermaß einer

Erfahrung jedes Fassungsvermögen überstiegen hat. Ein großer Schmerz kann in Abwehr der Öffentlichkeit zu einem Rückzug ins sprachlose Schweigen führen. Dieses darf nicht mit dem heilsamen Schweigen, das zu Reden und Hören gehört, verwechselt werden. Das sprachlose Schweigen ist ein Nicht-mehr-miteinander-reden-Können. Es kann im nivellierenden Alltag entstehen wie in der Bitterkeit der Ausnahmesituation. Sprachnot dieser Art ist das Zeichen einer Verweigerung. Hier zum gemeinsamen Wort finden – den Schmerz, ganz wörtlich, »zur Sprache bringen« –, kann der erste wesentliche Schritt der Therapie sein. Eine solche Therapie braucht nicht dem Therapeuten im Sinne des Fachmannes vorbehalten zu sein, hier bedarf es sogar in einem hohen Maße der »Laien«. Sofern Sprache eine Lebensform ausdrückt, ist das gemeinsame Gespräch der Schlüssel zur Rückgewinnung verlorener Lebensmöglichkeiten.

Was hier zur Sprache kommt, ist bei allen Einzelproblemen und verborgen hinter diesen immer die Zusage eines »Du kannst«. Denn was den Verlust der Auseinandersetzung mit seinem Schmerz am tiefsten bestimmt, ist das Gefühl eines Nicht-mehr-Könnens, einer Weglosigkeit. Wo kein Weg ist, dort ist auch kein Sinn. Sinn haben heißt Zukunft haben können, und dieses Können bedeutet, daß mir die Zukunft nicht wie eine zwanghafte Folge der Gegenwart bevorsteht, sondern offen, im wörtlichen Sinn »anziehend« ist. Eine solche Zukunft wird zur Hoffnung. Nun ist aber Hoffnung nicht irgendwo, in einer fernen Menschheitsgeschichte. Hoffnung ist nicht Utopia als ein noch nie Gesehenes, Unerhörtes. Sie ist nicht in programmatischen Erklärungen wirklich (mögen diese auch noch so bedeutsam für die Gestaltung einer besseren Zukunft sein), sondern Hoffnung gibt es nur, wo Hoffende sind. Man kann über Hoffnung sprechen, aber wirklich weitergegeben wird sie durch Beispiele, wenn einer da ist, der hofft. Dabei ist Hoffnung nicht durch Vorwegnahme von Zukunft erreichbar, sondern sie setzt die Bejahung des Heute voraus. Ein solches Jasagen hat nichts mit einer billigen Nachsicht zu tun, sondern ist das »Ja und Amen des endlichen Geistes«, wie es Kierkegaard ausdrückte. Um einem anderen Hoffnung geben zu können, muß man sich selbst angenommen haben – nicht in Bequemlichkeit und Selbstzufriedenheit, nicht um seiner selbst willen, sondern um für den anderen eine Möglichkeit zu werden.

Daß im übrigen die Sinnfrage selbst gelegentlich der Sinnlosigkeit verdächtigt wird, sollte weniger beklagt werden, sondern als wichtiger Hinweis vernommen werden: Über die Sinnfrage zu meditieren, könnte in die Gefahr bringen, zu vergessen, daß man selbst Antwort sein kann. Solches Antwort-sein heißt seiner höchsten Möglichkeit nach: Liebe. Diese Liebe ist nicht die einer besonderen Zeit vorbehaltene Vollendung; sie ist arm, sie muß sich im Alltag bewähren. Aus ihr sollte so etwas wie eine Kultur des Alltags entspringen. Aus ihr wäre die tägliche Mühsal anzunehmen und zu verwandeln. So kann der Schmerz, der zur Erfahrung selbst gehört, zur heilsamen Unruhe werden, damit wir bei keiner Antwort stehenbleiben – zum Zeichen, daß alles immer wieder neu getan werden muß. Ein solches Tun müßte aus einem Überfluß entspringen, der nicht daraus entsteht, daß wir unsere Kräfte ängstlich zu bewahren suchen, sondern aus freudiger Hingabe des Wenigen, das jeder hat.

Um Charakter und Inhalt der Schrift anzuzeigen, könnte man sie einen *Traktat* nennen. Darin schwingt das

Versuchshafte mit, das Vorläufige, das zu allen Besinnungen dieser Art gehört. In der Vergangenheit war der Traktat eine bevorzugte Form, Fragen kultureller oder moralischer Art zu behandeln. Allmählich verkam er allerdings auf das Niveau von »Traktätchen«, Erbauungsschriften nur noch rührseligen Inhaltes. Dabei darf aber nicht vergessen werden, daß das »Erbauliche« ursprünglich nichts mit Sentimentalität und Schwärmerei zu tun hatte. »Erbauen« hatte den Sinn von »einen neuen Menschen als den Tempel Gottes erbauen«. Sören Kierkegaard war es, der im vergangenen Jahrhundert diese Bedeutung, die auf das Ganze der menschlichen Person abzielt, gegen die Abstraktheit des Nur-Begrifflichen ins Treffen führte, ohne dessen Strenge der Gedankenführung deshalb schon auszuschließen[4]. – In unseren Tagen hat vor allem Josef Pieper mit seinen Schriften gezeigt, was es heißen kann, Klarheit des Begriffes und Erbauung des einzelnen in der Form des Traktates zu verbinden.

Im Titel dieses Traktates ist ausdrücklich vom *Schmerz* die Rede. Nun hat aber unsere Sprache – von Interjektionen wie »weh« und »ach« abgesehen – drei Worte, die den in Frage kommenden Themenbereich bestimmen: Schmerz, Leid und Leiden. Eine kleine Überlegung sprachlicher Art soll daher diese Einleitung beschließen.

Wir sprechen von Ereignissen, die uns betreffen, gleichsam von außen auf uns zukommen, uns überfallen – vom Unvermuteten des Schmerzes war oben die Rede –, und von der Art, wie wir darauf re-agieren. Diese Ereignisse können mehr oder weniger greifbarer Natur sein – aus einer Kränkung kann uns Schmerz entstehen und aus einem kranken Zahn –, ebenso wie einmal stärker unser Leib, dann wieder unser Seelenleben in Mitleidenschaft gezogen ist. Berücksichtigt man die hier genannten Unterschiede und bedenkt man zudem, daß die Sprache wie alles Lebendige starren Einteilungen nur bedingt zugänglich ist, so läßt sich folgendes Schema erstellen:[5]

	von »außen« kommend:	Reaktion:
psychisch:	Schmerz, den man mir antut (Bosheit)	Schmerz, den ich erleide (Enttäuschung)
	Leid, das widerfährt (Beleidigung)	Leid, das ich tragen muß (Trauer)
		leiden an etwas (an der Ungerechtigkeit)
somatisch	ein schmerzendes „Etwas" (Zahn)	an Schmerz(en)[6] leiden (Zahnschmerz bzw. Zahnschmerzen)
	ein bestimmtes Leiden[7] (Magenleiden)	leiden

Dieser Aufstellung zufolge steht »Leid« der Bedeutungsbreite nach an letzter, »Schmerz« an erster Stelle. Ein Blick auf die Sprachgeschichte kann dies weiter erläutern.

Das althochdeutsche Wort *leid* meint etwas »Betrübendes« wie Schande und Beleidigung. Altnordisch *leidr* bedeutet ›feindlich, verhaßt‹, das englische *loath* ›abgeneigt‹. Auch darf an unsere Interjektion »leider« erinnert werden. Sowohl das Moment des von außen Kommenden als auch die Reaktion sind hier vertreten, beschränkt aber auf den Bereich des Psychischen.

»Leiden« andererseits ist mit »Leid« nicht verwandt. Die indogermanische Wurzel *leit(h)* bedeutet ›gehen, fortgehen, sterben‹. Auf die letzte Bedeutung verweist auch das griechische *laiteuein*. Althochdeutsch *lidan* heißt ›gehen‹ und macht dann den Bedeutungswandel zu ›erdulden, erleiden‹ durch. Er-leiden ist also ursprünglich ein Er-fahren! Auch hier sind Widerfahrnis und Reaktion zusammen vertreten, wenn auch einmal im verbalen (leiden) und dann im substantivierten Sinn (das Leiden); in dieser letzten Bedeutung wird außerdem nie Psychisches allein bezeichnet.

»Schmerz« schließlich geht auf die indogermanische Wurzel *mer,* erweitert *smerd,* zurück, die im griechischen *marainein,* ›aufreiben‹ vorliegt. Etwas »Aufreibendes« kann psychischer wie somatischer Natur sein, eine Situation oder ein kratzendes Gewebe z.B. Beide Bedeutungen zusammen oder die eine oder andere kommen dabei in der geschichtlichen Entwicklung zum Tragen: Griechisch *smerdaleos* heißt ›gräßlich‹, lateinisch *mordere* ›beißen‹, englisch *smart* ›scharf, beißend, schneidig‹. »Schmerz« bezeichnet auch die Art der Reaktion und das, dessentwegen reagiert wird.

Mit aller Vorsicht darf also behauptet werden, daß dem Wort »Schmerz« die größte Bedeutungsbreite zukommt. Zudem schwingt in »leiden«, vielleicht durch den Pietismus vermittelt, stärker ein passives Element mit, das dem Tun, das in aller Erfahrung ist, unserer eigenen Aktivität, zu wenig gerecht würde. Und schließlich liegt im Wort »Schmerz« unser eigenes geschichtliches Entsprechen ebenso wie eine dem Menschenwesen eigene und bleibende Größe. Mit einem Wort Ernst Jüngers: »Der Schmerz als Maßstab ist unveränderlich; veränderlich dagegen ist die Art und Weise, in der sich der Mensch diesem Maßstabe stellt.«[8]

I. TEIL

DIE FRAGE NACH DEM SCHMERZ

1. ANNÄHERUNG AN DAS THEMA

a) Die Bedeutung des Schmerzes

Die Vorstellung eines schmerzfreien Lebens gehört zu den Wunschträumen der Menschheit. Wir scheinen gegenwärtig ganz nahe daran zu sein, uns diesen Traum zu erfüllen. Immer wieder erfährt die Öffentlichkeit von einem Näherrücken der Möglichkeit eines Medikaments, mit dessen Hilfe aller Schmerz ein Ende hätte. Aber hat man auch sorgfältig genug darüber nachgedacht, was dies in seinem ganzen Umfang und nach all seinen Folgen bedeuten kann? Ist der Schmerz vollständig „ersetzbar"? Zunächst aber – trifft diese Möglichkeit, wenn überhaupt, für jede Art des Schmerzes zu, für den äußeren wie für den inneren, für leiblichen und seelischen Schmerz?

Der Schmerz ist ein Warnsignal. Dies kann als allerallgemeinste Beschreibung seiner Bedeutung in bezug auf das menschliche Leben genommen werden. Völlig entbehrlich wäre somit aller Schmerz erst, wenn dem Leben alle Gefahr genommen wäre.

Bereits das Kind lernt durch Schmerzen, Gefahren zu vermeiden. In jedem Lebensalter ist es der Schmerz, der Krankheiten signalisiert und so zum frühzeitigen Anstoß für therapeutische Maßnahmen wird, so daß man ihn mit einem gewissen Recht als »Inbegriff allen Krankseins« bezeichnet hat.

> »Ein großer Teil der Kranken sucht nur deshalb ärztliche Hilfe auf, um von seinen Schmerzen befreit zu werden. Bedenkt man aber, was alles an Schaden geschehen würde, wenn keine Schmerzen auftreten würden, so findet man für einen Teil des Vorkommenden, daß sie dem Kranken nützen, daß er gerade wegen seiner Schmerzen Ruhe hält, schädliche Einwirkungen, gewisse Speisen meidet und ärztliche Hilfe aufsucht. ... Ein Mensch, dem das Gefürchtetste von allem, die Schmerzen, genommen sind, wird sich oft in kurzer Zeit schädigen müssen.«[9]

Freilich gibt es über die Warnfunktion des Schmerzes hinaus körperliche Qualen, deren Sinn nicht mehr einsehbar ist. Aber wir befinden uns hier im Bereich einer bestimmten Betrachtungsweise – der des Somatikers[10] –, und es wird noch zu fragen sein, wie weit diese überhaupt zureicht, um den Sinn des Schmerzes in seiner vollen Bedeutung bestimmen zu können.

Anders als im Bereich leiblicher Affektionen drückt der psychische Schmerz weniger ein Warnmoment als einen Veränderungsprozeß aus. Die Trauer führt in schmerzlicher Weise eine Realitätsveränderung vor Augen. Ein geliebter Mensch wurde einem entrissen. Eine Liebesbeziehung hat aufgehört. Die Wirklichkeit, der meine Sympathie gehört hat – ganz allgemein gesprochen –, besteht nicht mehr. Ich muß mich neu orientieren, erneut ein Verhältnis zur gewandelten Realität herstellen. Ein Ich, das nur am Verlorenen hängen bliebe, lebte nur noch in Illusionen. Trauer um einen Toten, welche die Lebenden ausschlösse, wäre im Grunde sinnlos und ließe in Lieblosigkeit erstarren.

Mit der Trauer setzt allerdings ein Prozeß ein, der das Ich völlig in Anspruch nehmen kann. Es kann so mit seinem Neuwerden beschäftigt sein, daß ihm vorübergehend die Teilnahme an den Vorgängen um es herum fehlt. Diese schmerzliche Umorientierung, in der sich ein neuer Realitätsbezug bildet, nannte Sigmund Freud »Trauerarbeit«[11].

Über die unmittelbare Warnfunktion im somatischen und die Trauerarbeit im psychischen Bereich hinaus kommt aber dem Schmerz noch eine dritte Bedeutung zu. In Anlehnung an die bisherige Terminologie möchte ich deshalb von der pneumatischen oder spirituellen Bedeutung des Schmerzes sprechen[12]. Sie ist insofern gegeben, als der Schmerz mitwirkt am personalen Heil.

Es ist das Zeichen der weitestmöglichen Bejahung, den Mitmenschen selbst dort noch anzunehmen, wo er einem Schmerz zufügt. Der Sinn einer solchen Haltung kann nicht im Erdulden des Schmerzes »an sich« beruhen. In dieser Haltung erfüllt und bewährt sich alles Mensch-mit-Mensch-sein bis ins äußerste. Indem der »Feind« als »Bruder« angenommen wird, bewährt sich der Annehmende, indem er seine Liebe als unbeirrbar erweist. Für den Angenommenen bedeutet dies auf der anderen Seite, daß ihm die Möglichkeit gegeben wird, umzukehren.

Warnung vor Gefahr, Trauerarbeit, Bewährung in der Feindesliebe – drei verschiedene Themen, die sich in verschiedener Weise für den Schmerz als bedeutsam erweisen. Der Schmerz, als solcher genommen, ist nicht zu rechtfertigen. Alle seine Bedeutsamkeit liegt in seiner Beziehung zum Heil, wenn auch in verschiedener Weise. Eine Versenkung in den Schmerz ohne Bezug zum Heil wäre denn auch gegen die Natur des Menschen. Freilich ist dies eine Gefahr, kann doch der Schmerz, wenn er sich über längere Zeit hin erstreckt, jede Kraft zu wollen, zu empfinden, ja zu denken lähmen. Das Insgesamt dieser Kräfte nennt die Überlieferung »Gemüt«; die Verdüsterung des Gemüts ist die Schwermut.

Wer für eine differenzierte Betrachtung des Schmerzes eintritt, der muß gegen die Schwermut auftreten. In der Tradition hatte sie deshalb große Bedeutung. Das frühe Mönchtum erblickte in ihr eine seiner Hauptgefahren, die mittelalterliche Theologie hat ihr unter dem Namen »acedia« lange Abhandlungen gewidmet, Albrecht Dürer hat sie in seiner berühmten »Melencolia I« porträtiert.

Die Schwermut, nicht der Schmerz, ist der eigentliche Widersacher der Freude. Der Schmerz steht, wie wir sahen, im Dienst des Lebens. Erfülltes Leben ist Leben aus Freude. Daher dient der Schmerz auch der Freude. Dieser Dienst kann verkannt oder auch schlecht gelohnt werden. Aber der Schmerz ist innerhalb dieser Beziehung zum Leben, zur Freude, zum Heil nicht böse. Hoffnungslos und böse ist die Schwermut. Daher haben sie die Theologen des Mittelalters unter die Todsünden gerechnet. Sie ist der Tod mitten im Leben, und aus ihr gehen, wie Thomas von Aquin sagt, eine Reihe von »Töchtern« hervor, die insgesamt böse sind: Bosheit und Rachsucht, Kleinmut und Verzweiflung, die lähmende Unfähigkeit, etwas zu vollbringen, und die Unruhe des Geistes[13].

Die acedia ist »jene träge Traurigkeit des Herzens, die sich das Große nicht zumuten will, zu dem Gott den Menschen berufen hat«, wie Josef Pieper dies formulierte[14]. Den Schmerz bedenken, heißt deshalb auch und nicht zuletzt, ihn aus seiner Nähe zur Schwermut zu befreien. Martin Buber bringt dies in einer Erzählung zum

Ausdruck, die einem der Lehrer aus der Spätzeit des Chassidismus, dem Rabbi Simcha Bunam, zugeschrieben wird. Ihr Titel lautet: »Gegen die Schwermut«.

> Rabbi Bunam legte aus: »Es heißt im Psalm: ›Der die zerschlagenen Herzen sind heilt.‹ Weshalb wird uns das gesagt? Ist es doch eine gute Eigenschaft, ein zerschlagenes Herz zu haben, und Gott gefällig, wie geschrieben steht: ›Gottesopfer ist ein zerschlagenes Gemüt.‹ Aber es heißt ja in jenem Psalm weiter: ›und verbindet ihre Schwären‹. Gott heilt sie, die zerschlagenen Herzens sind, nicht ganz und gar, sondern so, daß ihr Leiden ihnen nicht zu schwärender Schwermut werde. Denn Schwermut ist eine böse Eigenschaft und Gott mißfällig. Das zerschlagene Herz bereitet den Menschen zum Dienste Gottes, die Schwermut zersetzt den Dienst. Man muß zwischen ihnen recht unterscheiden, wie zwischen Freude und Ausgelassenheit: da ist es so leicht, sich zu irren, aber sie sind fern voneinander wie die Enden der Welt.«[15]

b) Der Schmerz im Rahmen der kulturellen Überlieferung

Sich über den Schmerz zu verständigen, bedarf immer von neuem methodischer und sprachlicher Überlegungen. Dies gilt heute um so mehr, als die Meinung weit verbreitet ist, neben privaten Ansichten gäbe es über Phänomene dieser Art nur noch die Verbindlichkeit exakt wissenschaftlichen Sprechens. Das war nicht immer so. Soweit wir sehen, kannten bisher alle Zeiten und Völker eine durch gemeinsame kulturelle Vorstellungen geprägte Sprache.

Auch wenn wir uns heute in privatem Gespräch über den Schmerz verständigen, ist darin allgemeines Kulturgut enthalten. Es entstammt freilich einer Kultur, zu der wir vielfach ein gebrochenes Verhältnis haben. Die kulturellen Vorstellungen der Vergangenheit, ihre Sprache, Sitten und Rituale besitzen nicht mehr die prägende Kraft von früher. Dies gilt auch für den Schmerz.

Im Bereich aller großen Kulturen nahm der Schmerz eine zentrale Stelle ein. Unter den außereuropäischen Kulturen ist hier vor allem der Buddhismus zu nennen, den man nicht zuletzt auch eine Religion des Leidens genannt hat. Der Schmerz gibt ihm gleichsam die Grundfarbe, auf der sich die Erlösung abzeichnet. Die Erkenntnis der eigenen schmerzgezeichneten Situation wird zum Anstoß, sein Leben radikal zu ändern und zum Guten zu wenden. Da aber *alles* Leben Leiden ist, geschieht Erlösung nur als Erlösung vom Leben. In der frühesten Fassung lautet diese buddhistische Grunderfahrung:

> »Geburt ist Leiden, Alter ist Leiden, Krankheit ist Leiden, von Liebem getrennt sein ist Leiden, nicht erlangen, was man begehrt, ist Leiden.«[16]

Eine andere Welt geradezu scheint die des frühen Griechentums zu sein. Wir gehen gleichsam in ein erstes Erwachen der Menschheit zurück. Die Tiefendimension, welche der Buddhismus aufgetan hat, tritt hier hinter der Alltäglichkeit zurück. Die Lebensklugheit der Schmerzvermeidung wird zur Maxime. Einer solchen Welt entstammt das Sprichwort: »Durch Schaden wird man klug.«[17] Es bezieht sich nicht auf den unergründlichen Lebensschmerz, sondern auf jenen Schmerz, dem man durch nötige Vorkehrungen und entsprechende Gewitztheit entgehen kann. Schmerzliche Erfahrungen macht gemäß dieser Einsicht nur der Dumme.

Diese Taxierung des Leidens gleichsam auf Grund einer Rechnung über Nutzen und Kosten macht aber im vierten Jahrhundert vor Christus eine deutliche Entwicklung durch. Es wird fortschreitend tiefer deutlich, in welch hohem Maß der Schmerz in das Leben des einzelnen verwoben ist. Der Schmerz erscheint hier in der neuen Dimension nicht mehr als bloßer Störfaktor, sondern als Bestandteil des Lebens. Die Auseinandersetzung mit ihm wird zu einer Sache der Moral. Die Formel »durch Leiden lernen« bezieht sich nun auf ein Leiden, das Strafe für das Heraustreten aus den Normen des Zusammenlebens ist. Einen solchen Frevel, der gegen die Bedingungen eines gerechten und guten Zusammenlebens verstößt, nannten die Griechen Hybris.

Mit der wachsenden Lebenserfahrung dieses Volkes treten die dunklen Momente nur deutlicher hervor. Im fünften Jahrhundert vor Christus schreibt Sophokles seinen »Ödipus auf Kolonos«. Darin singt der Chor:

> »Nicht geboren zu sein, siegt über jeden Sinn. Das nächste Beste aber ist: wenn man schon lebt, möglichst schnell dorthin zu gehen, woher man gekommen ist.« [18]

Auch nach den Vorstellungen des Alten Testaments liegt dieser Schatten schwer auf dem Dasein der Menschen. Mitten im Leben existiert der Schmerz über den Verlust des Paradieses. Der Schmerz ist die Strafe für den Sündenfall Adams, und von diesem an sind wir der Mühsal der Arbeit überantwortet. Zu Eva spricht Gott:

> »Überaus zahlreich werde ich die Beschwerden deiner Schwangerschaft machen. Unter Schmerzen sollst du

Kinder gebären. Nach deinem Mann wird dein Verlangen sein, er aber wird über dich herrschen.«[19]

Aber bereits im alten Judentum findet sich ein Gedanke, der sich sowohl von der buddhistischen Form der Erlösung – die letzten Endes eine Auflösung ins Nichts ist – unterscheidet als auch von jener griechischen Auffassung, wonach Leiden zwar in Grenzen vermeidbar sein mag, es aber im Grunde genommen keine Erlösung von ihm gibt. Weder Hinweggang ins Nirwana noch griechische Tragik nehmen die Frage des Schmerzes in allen seinen Dimensionen so entschieden auf wie der Gedanke der Erlösung im Judentum. Hier ist ein künftiger Heilsbringer versprochen, der König eines Friedensreiches; es ist der Messias, der allem Schmerz ein Ende bereiten wird.

Dieser Gedanke hängt mit einer Katastrophenstimmung zusammen, einer übersteigerten Einsicht in die Katastrophalität aller menschlichen Geschichte. Damit bildet sich aber auch ein neuer Sinn von Geschichte aus. Sie ist nicht mehr ein gleichgültiges Geschehen oder der ewige Kreislauf des Immergleichen, sondern nunmehr auf eine Zukunft hin ausgerichtet. Die Gegenwart wird zu einer Vorbereitungszeit für das Heil und so zur Zeit der Entscheidung.

Jene Endzeit – und dies ist ein wesentliches Merkmal der Unterscheidung allen profanen Erlösungsvorstellungen gegenüber – stellt einen radikalen Bruch mit allem Bisherigen dar. Sie ist etwas Unerhörtes, Nie-dagewesenes, also auch etwas, das sich mit den bisherigen Mitteln nicht bewerkstelligen läßt.

Alle apokalyptischen Schriften sprechen von einem vollständigen Neusein. Auch die apokalyptische Schrift des Neuen Testaments, die Apokalypse des Johannes, kennt die totale Erneuerung, das Neuwerden der Schöpfung:

> »Und ich sah einen neuen Himmel und eine neue Erde; denn der erste Himmel und die erste Erde sind vergangen, auch das Meer ist nicht mehr.«
> »Und der auf dem Throne saß, sprach: ›Siehe, ich mache alles neu‹.«[20]

Dieses Neusein ist der Widerruf allen Schmerzes und allem Schmerz zuvor die Aufhebung des Todes. Die Folgen des Sündenfalls sind gesühnt. In Aufnahme des aus Jesaja stammenden Gedankens vom Festmahl, das Jahwe Zebaot allen Völkern bereiten wird, spricht Johannes von der Aufhebung aller Schmerzen:

> »Und er wird abwischen jede Träne von ihren Augen, und es wird keinen Tod mehr geben, auch keine Trauer, keinen Klageschrei, keine Mühsal wird es mehr geben; denn das Frühere ist vorbei.«[21]

Für den christlichen Glauben ist in Jesus der Messias gekommen, der alles Leiden dieser Welt auf sich genommen hat. Er stellt sich nicht als Triumphator dar, er kommt nicht als siegreicher politischer Messias-König, sondern als leidender Gottesknecht. Alle Verlassenheit und Verzweiflung, ja sogar die Gottesferne hat er auf sich genommen und blieb in seiner Liebe unbeirrt[22]. Er wurde zum Vorgänger jedes einzelnen Leidenden, indem er gezeigt hat, daß stärker als jeder Schmerz und selbst der Tod die Liebe ist. Jesus hat sich zunächst nur zögernd als Messias verkündet und dann im Zusammenhang mit dem ihm bevorstehenden Leiden[23]. Er hat schließlich sein

Messiasverständnis durch die Vorstellung des leidenden Menschensohnes interpretiert[24]. So wurde das Kreuz, Marterwerkzeug einer fragwürdigen Strafjustiz, zum Zeichen der vollständigen Annahme des Lebens, Symbol für die äußerste Bewährung der Liebe im Schmerz.

Die Tradition, in der wir stehen, war bisher in entscheidender Weise durch die Vorstellungen des Christentums mitgeprägt. Dessen Einfluß auf die Kultur mochte freilich dort am tiefsten sein, wo er nicht auf der Bahn äußeren Erfolgs verlief. Jene äußerste Bejahung des Lebens, wie Jesus sie durchgemacht hatte, blieb aber selbst dort das letztgültige Maß, wo dieses in der Praxis zynisch verleugnet wurde. Freilich war die vom Vorbild abweichende Praxis nicht zuletzt dafür verantwortlich, daß heute gerade im abendländischen Bereich der Einfluß des Christentums schwächer geworden ist. Dies und der wachsende Fortschritt der Technik und der Naturwissenschaften haben die Gefahren für eine universelle Sicht des Schmerzes verstärkt. Allerdings befindet sich unsere kulturelle Überlieferung heute im ganzen in einer Krise.

c) Die Krise der Tradition

Die überlieferten kulturellen Vorstellungen befinden sich gegenwärtig in einer kritischen Situation. Sie stehen unter Zwang, sich vor den modernen Lebensbedingungen legitimieren zu müssen. Die Krise reicht bis in die Fundamente hinein. Sie besteht nicht in der Ablösung einer Kultur durch eine andere (wie in der Spätantike mit dem Aufkommen des Christentums dies der Fall war) oder in der Konkurrenz gleichzeitig nebeneinander bestehender

Kulturen (wie im Nebeneinander von islamisch-arabischer und abendländisch-christlicher Kultur im Mittelalter). Sie ist vielmehr ein Produkt des europäischen Geistes selbst und hängt wesentlich mit dem neuzeitlichen Absolutheitsanspruch der Zivilisation zusammen, die darangeht, die Welt zu erobern.

Man hat gelegentlich versucht, den Gegensatz von Überlieferung und moderner Lebenswelt mit dem Begriffspaar »Kultur« und »Zivilisation« zu beschreiben. Dazu ist festzustellen, daß eine solche Unterscheidung zunächst nur in der deutschen Sprache möglich ist. Im romanischen bzw. angloamerikanischen Sprachgebrauch decken »civilisation«, »civiltà« und »civilization« beide Bedeutungen ab, die von Zivilisation und Kultur, und erst in neuerer Zeit (z.B. bei T. S. Eliot) ist der Ausdruck »culture« in Übung gekommen.

Zivilisation wird teilweise zu Unrecht mit einem abwertenden Beiklang verbunden. Zwar spricht man in engerer Bedeutung von Zivilisationsschäden oder Zivilisationskrankheiten und meint dabei Folgen eines mißbräuchlichen Auftretens von Zivilisation. Von einem solchen ist dort die Rede, wo Zivilisation sich verselbständigt und ihre Ziele an die Stelle derer der Kultur setzt, wo Zivilisation zur Ersatzkultur wird, anstatt im Rahmen der Kultur ihre Funktion zu erfüllen.

Kultur bezeichnet dabei das Ganze der menschlichen Lebensordnungen und Lebensmächte. Sosehr zu ihrer Gestaltung menschliche Aktivität gehört, ist sie doch auch auf Bedingungen des Wachsens und Gedeihens angewiesen, die sich nicht unmittelbar herstellen lassen. Kultur braucht ihre Zeit und ist dementsprechend auch der Vergänglichkeit ausgesetzt. Indem der Mensch in ein spezifisch menschliches Verhältnis zur Welt tritt, entsteht Kultur als seine ihm eigentümliche »Natur«. Zur Kultur gehören Sprache, Sitten und Gebräuche, eine gemeinsame Religion und eine gemeinsame Gestaltung des öffentlichen Lebens, Politik genannt (gemeinsam in bezug auf die Grundvorstellungen, nicht unbedingt im einzelnen), schließlich Kunst und Wissenschaft, also diejenigen Bereiche, die man auch »Kultur« im engeren Sinne zu nennen pflegt[25]. Obwohl das »Wachstümliche« an der Kultur (das lateinische »colere«, wovon »Kultur« kommt, bezeichnet ja auch die Pflege des Ackerbodens) der Natur vergleichbar ist, bedeutet jene doch einen grundsätzlichen Schritt über diese hinaus. Daß der Mensch in der Kultur nicht ausschließlich und nicht einmal in erster Linie als »Macher« in Erscheinung tritt, hängt damit zusammen, daß es in aller Kultur um Ziele *menschlichen* Zusammenlebens geht. Wo Personalität im Spiel ist, muß Planung zurücktreten.

Zivilisation bedeutet demgegenüber eine Lebensweise, die von technischen Fertigkeiten bestimmt ist. Sie ist, wie schon bemerkt wurde, nicht schon an sich eine schlechtere Art von Kultur, sondern betrifft einen Teil von dieser, nämlich jenen Bereich des menschlichen Lebens, der der technischen Gestaltung zugänglich ist. Die Entartung tritt erst dort ein, wo Zivilisation sich an die Stelle der Kultur setzt und alles ihren Vorstellungen technischer Planung und Machbarkeit unterordnet. Das muß nicht ausdrücklich so sein, aber Kultur muß dort zum Alibi werden, wo Planung sich als das Eigentliche versteht und alles in ihren Dienst stellt.

Sofern sich etwa die Auseinandersetzung mit dem Schmerz der technischen Mittel bedient, sich dabei aber dessen bewußt bleibt, daß damit nur ein Instrument im Dienste anderer Ziele eingesetzt sei, ist Zivilisation in einer vernünftigen und human vertretbaren Weise der Kultur eingeordnet. Wo aber die personale Zuwendung zum Patienten nicht mehr in ihrer Eigenständigkeit, sondern nur noch als Appendix zur technischen Behandlung des »Falles« erscheinen sollte, hätte sich die Sache in verhängnisvoller Weise umgekehrt.

Dabei ist unser gegenwärtiges Zeitalter weithin durch Gegebenheiten bestimmt, die angesichts der Überlieferung etwas völlig Neues darstellen, beziehungsweise es kommen Tendenzen, die bereits in der Vergangenheit vorhanden waren, zur vollen Ausreifung. Drei solcher Momente, die die moderne Zivilisation prägen, sollen hier hervorgehoben werden. Sie ist gekennzeichnet durch eine radikale Säkularisierung, durch den Gedanken totaler Planung und durch die Hoffnung auf immerwährenden Fortschritt.

Unter Säkularisierung versteht man einen bestimmten Bruch mit der Vergangenheit; sie bedeutet ursprünglich den Schritt fort von religiösen Vorstellungen und hin zu einer Verweltlichung[26]. Das ist nichts spezifisch Neuzeitliches und auch schon in der Sophistik des fünften und vierten Jahrhunderts vor Christus zu beobachten. Eine entscheidende Förderung erfährt diese Tendenz in der Aufklärung des achtzehnten Jahrhunderts. Die heutige Form der Säkularisierung ist deshalb so an die Wurzeln gehend, weil sie im Besitz von Mitteln, welche die Vergangenheit nicht hatte, steht. In ihr steckt der Anspruch vollständiger Emanzipation von der Bindung an jegliche Religion. Dabei wird die Wissenschaft zu einer Art von Ersatzreligion.

Es gibt in der Vergangenheit einzelne Fälle, bei denen religiöse und säkulare Vorstellungen nebeneinander bestanden. Ein in diesem Zusammenhang vielleicht noch zu wenig gewürdigtes Beispiel bietet der Pietismus, jene praktisch-religiöse Bewegung des Luthertums im 17. und 18. Jahrhundert. Hier gingen Gottergebenheit und Annahme seines Schicksals mit der Bereitschaft, ja Verpflichtung zur Inanspruchnahme ärztlicher Kunst eine organische Gemeinschaft ein. Dort, wo Einfluß im Sinne technischer Mittel genommen werden kann, soll man Einfluß nehmen, alles aber zugleich Gott anheimstellen, so etwa lautete die Devise. Gott könnte uns auch ohne Arznei gesund machen, aber er tut es nicht[27]. Freilich sah sich der Pietismus noch einem vergleichsweise sehr beschränkten technischen Anspruch gegenüber. Andererseits wurde dessen schrankenlose Ausweitung erst dann möglich, als das Leben nicht mehr religiös verstanden wurde.

Säkularisation beansprucht aber von sich aus eine Erweiterung und Vervollkommnung ihrer Möglichkeiten. In ihr selbst liegt kein Motiv zur Beschränkung. Sie entfaltet sich nach ihren Möglichkeiten und zehrt dabei die Substanz auf, der sie eigentlich ihr Entstehen verdankt. Dabei hat sie in den beiden letzten Jahrhunderten eine bedrohliche Eigendynamik entwickelt.

Die mit der Säkularisierung verbundene Emanzipation bedeutet, daß der Mensch nun beansprucht, in allen Lebensbereichen die Funktion des Schöpfers zu übernehmen. Er überschreitet dabei den Bereich, wo sein Einsatz sinnvoll ist. Es gilt nicht mehr die Sinnhaftigkeit einer Planung, sondern ihre Machbarkeit.

Eine solche Vorgangsweise hat natürlich überall dort

ihre Berechtigung, wo es um Sachen und Sachverhalte geht. So wäre die Ernährung der Weltbevölkerung heute ohne den effizienten Einsatz der modernen Technik nicht mehr denkbar. Solche Denkmodelle werden erst dort problematisch, wo menschliches Zusammenleben sogenannten Sachzwängen untergeordnet werden soll. Die Ökonomie und Effizienz, wesentliche Merkmale aller rationalen Planung, entarten dann zur Macht der Apparate, einer Verwaltung, die in wachsendem Ausmaß undurchschaubar wird. Der »verwaltete« Mensch ist das Endprodukt der Versachlichung aller Bereiche, die mit dem neuzeitlich-technischen »Schöpfertum« des Menschen zusammenhängen.

So läßt sich in wachsendem Maß der »natürliche« Mensch durch künstliche Intelligenz ersetzen. Dafür gibt es längst eigene Forschungsbereiche. Einer ihrer Vertreter hat bereits 1958 deren Forschungsziel folgendermaßen umrissen:

> »Es gibt nunmehr in der Welt Maschinen, die denken, lernen und schöpferisch tätig sind. Darüber hinaus wächst ihre Fähigkeit auf diesen Gebieten zunehmend, bis – in absehbarer Zukunft – der Bereich von Problemen, die sie bearbeiten können, sich mit dem Bereich deckt, der bis jetzt dem menschlichen Denken allein vorbehalten war.«[28]

Es ist eine auf die frühe Neuzeit zurückgehende Auffassung, daß der Mensch eine Maschine sei. Dies bietet natürlich Vorteile. Das Funktionieren einer Maschine kann ich durchschauen, und wenn dies auch im einzelnen beim Menschen bis heute nicht ganz der Fall ist, so stellt es doch zugegebenermaßen das eigentliche Forschungsziel dar. Was ich durchschaue, kann ich nachkonstruieren. Die prinzipielle Erkennbarkeit ist die Voraussetzung, alle menschlichen Lebensvorgänge zu reproduzieren. Die Ansicht, der Mensch sei im Grunde vollständig berechenbar, setzt sich auf Grund ihrer Effektivität immer mehr durch. Dabei besteht die Berechenbarkeit des Menschen auf der gleichen Stufe mit der Konstruktion von Computern, z.B. auch solcher, mit deren Hilfe man militärische Operationen koordinieren und analysieren kann. Dementsprechend ist auch für klinisch-psychotherapeutische Zwecke ein Computerprogramm denkbar, und Joseph Weizenbaum hat dies als erster mit seinem Computer »Eliza« demonstriert[29].

Die Machbarkeit gerät dabei in eine unaufhaltsame Dynamik des Immer-weiter. Dieser Fortschritt hängt insofern mit der Säkularisation zusammen, als deren Emanzipation aus den traditionellen Bindungen als Fortschritt zum Besseren, als Befreiung von Zwängen verstanden wurde. Mittlerweile hat die Befreiung von Zwängen – oder aus Situationen, die man ungerechtfertigt als zwanghaft interpretiert hat – zu neuen und ungeheuerlichen Zwängen geführt; ihr Inbegriff ist dies, was man heute als »verwaltete Welt« bezeichnet. Dabei führt die Eigendynamik des Fortschritts zu einer rasch wachsenden Kluft zwischen der technischen Machbarkeit und den Vorstellungen der Moral. Man fragt nicht mehr primär, was für den Menschen »gut« ist, sondern danach, was wissenschaftlich möglich ist.

Die Kluft zwischen den »Sachzwängen« und den Bedürfnissen personaler Art wird immer größer. In einer unpersönlich werdenden Welt findet sich der einzelne immer weniger zurecht. Das zeigt sich gerade angesichts eines glatt funktionierenden Lebens an den Schwierigkeiten, die aus dem Unvermögen, eine unpersönliche Welt personal integrieren zu wollen, entstehen. Sie manifestieren sich in den verschiedensten Formen. Wir haben es heute in steigendem Maße mit Problemen der Anpassung zu tun, mit Angst und Depression, mit Aggression und Drogenabhängigkeit – und im ganz gewöhnlichen Alltag bis in die sogenannte Freizeit hinein mit dem Zwang, mit Dingen fertigzuwerden, die man eigentlich gar nicht will, das heißt mit dem Streß.

Daß derartige Störungen des personalen Bereichs seit langem die Wissenschaft auf den Plan gerufen haben, stellt vor ein eigentümliches Kompetenzproblem. Denn die wissenschaftlich-technischen Kategorien, die im Dienste der Therapie stehen, entstammen ja einer Welt, die für die Schäden, die hier geheilt werden sollen, mitverantwortlich ist. Daher ist es denkbar, daß die Medizin in einer gewissen Weise selbst an der Verschärfung der Situation beteiligt ist. Jedenfalls erhebt sich die Forderung, über die naturwissenschaftlich-technische Medizin (mit ihren unbestreitbaren Erfolgen) hinaus nach anderen Formen der Auseinandersetzung mit diesen Problemen suchen zu müssen.

2. EIN ZURÜCKWEICHEN VOR DER FRAGE

a) Der Schmerz und die Öffentlichkeit

Von drei Kategorien sozialen Zusammenlebens soll kurz im Zusammenhang mit dem Schmerz die Rede sein, von Gemeinschaft, Gesellschaft und Öffentlichkeit. Es geht dabei darum zu untersuchen, wie sich der Schmerz für den heutigen Menschen darstellt – und das heißt zugleich in den verschiedenen Formen der menschlichen Rede darstellt. Eine große und vieles im einzelnen umspannende Form stellt die Kultur dar, eine andere und bereits recht spezifische die Ausdrucksform der Wissenschaft. Aber die Kultur ist, wie zu zeigen versucht wurde, in eine kritische Situation geraten, und menschliches Zusammenleben spielt sich nicht nur auf wissenschaftliche Weise ab.

Grundformen menschlichen Zusammenlebens sind die Gemeinschaft und die Gesellschaft. Um ein Mißverständnis von vornherein auszuschalten, sei betont, daß es sich dabei weder im allgemeinen um einen Gegensatz noch um den besonderen Gegensatz von Individuum und Allgemeinheit handelt. Die Gemeinschaft ist zwar die Kleinform des sozialen Lebens, aber sie besteht nicht aus Individuen, sondern aus Personen. Eine Person ist jedoch keine für sich isolierte Einheit, ja es gibt Personen, streng genommen, nicht einmal in der Einzahl, sondern Personsein bestimmt sich von daher, daß Person stets aufgerufen ist zu antworten. Das kann ganz wörtlich genommen werden, und das kann in dem weiten Sinne von Verantwortung gemeint sein.

Formen gemeinschaftlichen Zusammenlebens sind, nach einer Aufzählung von Josef Pieper, etwa folgende:

> »Betonung des Gemeinsamen und Bejahung der Verbundenheit; Zurückstellung des Nicht-Gemeinsamen; Verzicht auf bestimmte Formen der Selbstbehauptung, auf die Wahrung einzelhafter Ich-Interessen; Selbsthingabe, Liebe; Direktheit, Unvermitteltheit, Unmittelbarkeit des mitmenschlichen Umgangs; möglichste Ausschaltung aller distanzierenden menschlichen und technischen Zwischeninstanzen; Nähe, Intimität, Rückhaltlosigkeit.« [30]

Der personal bestimmten Gemeinschaft gegenüber ist die Gesellschaft das große anonyme Ganze. Sie beruht, um nur einen wesentlichen Unterschied hervorzuheben, nicht auf Vertrauen, sondern auf Verträgen. Allerdings wäre es irrig, deshalb die Gesellschaft zugunsten der Gemeinschaft herabsetzen zu wollen. Es ist nur wichtig zu sehen, daß hier verschiedene Grundinteressen vorhanden sind. Man kann nicht in einer Art von Gemeinschaftsromantik die konkreten Bedingungen sozialen Zusammenlebens, wie sie auch von der Gesellschaft repräsentiert werden, außer acht lassen. Man würde damit nämlich die Gefahr heraufbeschwören, daß eine partikuläre Interessensgruppe nun ihre Vorstellungen allen anderen aufdrängt.

Der Ort, wo sich die Interessen personaler Art und die der Gesellschaft ausgleichen, ist die Öffentlichkeit. Zu einem solchen Ausgleich gehört etwa der Schutz der Schwachen vor den Mächtigen, der für ein funktionierendes, von personalem Verantwortungsbewußtsein getragenes Zusammenleben unumgänglich sein muß. Dabei spielt die politische Publizistik eine maßgebende Rolle.

Aber »Öffentlichkeit« ist nur ein Medium und daher auch manipulierbar. Die Beeinflussung der öffentlichen Meinung kann dem notwendigen Interessenausgleich geradezu hinderlich sein. So kann die Publizistik einer unter anderen Tendenzen so zur Stärkung verhelfen, daß sie als die vor allem maßgebliche erscheint. Der Stellenwert, den die Wissenschaft heute in der alltäglichen Meinung einnimmt, ist nicht zuletzt durch die »Medien« bestimmt. Es zeigt sich dabei sehr stark, daß diese von ihrer marktorientierten Interessenlage daran interessiert sein müssen, die Neugierde zu befriedigen und weniger Sachfragen in mühsamer Kleinarbeit näherzubringen. Der Marktorientierung entspricht die Erfolgsmeldung oder die Sensation, nicht der Anstoß zur selbständigen Auseinandersetzung. Dabei kann die Berichterstattung durchaus in »objektivem« Gewand auftreten, ohne jemandem personale Verantwortung zuzumuten. In diesem Moment der Depersonalisierung – und nur hierin – kommt sie mit den objektivierenden Wissenschaften überein.

So wird in den Medien über den Schmerz hauptsächlich aus der Perspektive seiner Überwindung berichtet. Das kann von der lauteren Absicht geleitet sein, dem Schmerz seinen Schrecken zu nehmen und dem Kranken Hoffnung zu geben. Diese Intention ist aber zumeist von der Absicht zu unterhalten überlagert. Die Neugierde dem Unbekannten gegenüber ist marktgerecht, nicht die Mitteilung, die auch noch den Gedanken einschließt, jeder könnte der Betroffene sein.

Die Beeinflussung der öffentlichen Meinung geschieht nicht zuletzt auch dadurch, daß ein Gefühl der Sicherheit vermittelt wird. Garant dieser Sicherheit sei »die Wissenschaft«. Aber da die Wissenschaft als solche nicht existiert, kann sie dafür auch nicht verantwortlich gemacht werden. Je häufiger aber die Meinung oktroyiert wird, es werde einmal eine Zeit kommen, in der Schmerz etwas Unbekanntes sein werde, um so geringer ist die Bereitschaft, sich mit gegenwärtigem Übel auseinanderzusetzen – ganz abgesehen davon, daß hier nicht nach dem Preis gefragt wird, der für eine schmerzfreie Zukunft zu bezahlen wäre. Jener Zukunftsoptimismus schließt immer auch eine Mißachtung gegenwärtiger personaler Situationen mit ein.

Schon im vorigen Jahrhundert wurde diese von Zukunftsoptimismus und Depersonalisierung geprägte Beeinflussung der öffentlichen Meinung verschiedenster Kritik unterzogen. Eine der wichtigsten Stimmen in diesem Belang ist die des Dänen Sören Kierkegaard, dessen Wirkung auf Philosophie und Theologie unserem Jahrhundert vorbehalten blieb. Er hat die Verantwortungslosigkeit der öffentlichen Meinung in seinem Werk und in seiner Person selbst unerbittlich kritisiert. Er sah die leidenschaftslose Neugier der Öffentlichkeit, des »Publikums«, die sich allem zuwendet und im Grunde an nichts Interesse nimmt. Seine Kritik galt einer Öffentlichkeit, die es dem einzelnen unmöglich machte, noch Person zu sein:

> »Publikum ist kein Volk, keine Generation, keine Mitwelt, keine Gemeinde, keine Gesellschaft, nicht diese bestimmten Menschen, denn alles dergleichen ist

> lediglich vermöge der Konkretheit, was es ist; ja, auch nicht ein einziger von denen, die Publikum zugehören, hat irgend eine wesentliche Dienstverpflichtung; einige Stunden des Tages gehört er vielleicht mit zum Publikum, nämlich die Stunden, in denen er Nichts ist, denn in den Stunden, in denen er das Bestimmte ist, das er ist, gehört er nicht zu Publikum. Aus solchen Einern gebildet, aus den Einzelnen in den Augenblicken, die sie nichts sind, ist Publikum ein ungeheuerliches Etwas, das abstrakte Öde und Leere, welches alles und niemand ist.«[31]

Wenn man vom Schmerz spricht, so darf neben den verschiedenen Perspektiven der Betrachtung, von denen früher die Rede war, auch nicht außer acht gelassen werden, von welcher Interessenslage öffentlicher Art aus der Schmerz thematisch wird. Gerade durch die öffentliche Meinung erhält er eine bestimmte Formung, eine Bedeutung, die sowohl von der Objektivierung im Bereich der Wissenschaften als auch von einer personalen Betrachtungsweise zu unterscheiden ist. Dabei geht es nicht um die gesellschaftliche Öffentlichkeit, die auch für die personal bestimmten Gemeinschaften von Wichtigkeit ist – man denke an die Einrichtungen der öffentlichen Sozialfürsorge –, sondern um die Öffentlichkeit im Sinne dessen, was Kierkegaard das Publikum bezeichnet hat.

b) Formen des Zurückweichens

Was der Öffentlichkeit in dem geschilderten Sinn am meisten abgeht, ist die Übernahme von Verantwortung.

Man muß ihr in diesem Zusammenhang etwas absprechen, was man heute Zivilcourage nennt und wofür man früher den weitergehenden Ausdruck »Mut« gebrauchte. Zivilcourage bewährt sich in einzelnen Situationen, und es ist hoffnungsvoll, daß der Sinn für dieses Phänomen heute vielerorts wieder geweckt ist. Es ist aber auch wichtig, zu sehen, daß sie nicht nur der Initiative individuellen Einsatzes entspringt, sondern aus einem Bereich kommt, den man insgesamt mit dem Worte »Moral« charakterisieren kann. Mit einem – freilich hoffnungslos veralteten Wort –: Es geht hier um etwas, was frühere Zeiten zu den »Grundtugenden« gezählt haben, wobei das Wort »Tugend« zugegebenermaßen nicht dazu beiträgt, die Sache, um die es hier geht, näher zu bringen. Auch die nähere Bezeichnung der hier in Frage kommenden Tugend erscheint als problematisch. Ich meine nämlich, daß der Öffentlichkeit heute weithin der Sinn für die Tapferkeit abhanden gekommen ist.

Tapferkeit bezeichnet nicht nur das Tun des Soldaten. In diesem Zusammenhang wurde der Begriff mit der radikalen Umwälzung, die jener Stand erfahren hat, ohnedies problematisch. Die Tapferkeit gehört mit der Klugheit, der Gerechtigkeit und dem Maß zu den sogenannten Kardinaltugenden. Man benannte diese gemäß der Vorstellung, daß in ihnen die anderen Tugenden wie in einer Angel (lateinisch »cardo«) befestigt seien. Das Wort »Tugend« selbst hängt zusammen mit Tüchtigkeit und bezeichnet die Haltung, aus der ein Mensch heraus sein Leben verwirklicht. Und eine der Formen solcher Selbstverwirklichung war die fortitudo, die Tapferkeit. Wenn es richtig ist, daß auch in ihr ein Beitrag zu einem erfüllten Leben liegt, dann muß es bedenklich erscheinen, daß die Tapferkeit in der Öffentlichkeit nicht so recht ihren Platz hat.

Die moderne europäisch-amerikanische Zivilisation trägt dazu bei, daß wir heute besonders schmerzempfindlich, das heißt »wehleidig«, sind. Wehleidigkeit ist natürlich etwas anderes als die Wachheit und Sensibilität gegenüber der Brutalität des Alltags. Unser Strafsystem ist zwar von den rohen und handgreiflichen Strafen, der Mißhandlung der »Delinquenten«, abgekommen. Strafeinrichtungen anderer Länder, welche die körperliche Züchtigung vorsehen, erregen mit Recht unseren Abscheu. Die Folter ist – zumindest in der Theorie – weltweit geächtet. Aber die ganz alltägliche Brutalität ist im Steigen begriffen. Hier sind Anstrengung und Wachheit vonnöten.

Während aber der gesteigerte Gerechtigkeitssinn den Mitmenschen meint, ist Wehleidigkeit eine Form des Egoismus. Sie ist eine Art von vorzeitigem Selbstschutz, indem sie für sich lieber nichts in Anspruch nehmen möchte, als Unbequemlichkeiten oder gar Schmerzen zu ertragen. Wehleidigkeit ist das Gegenteil von Tapferkeit. Von dieser sagt Josef Pieper in seiner Abhandlung über die Kardinaltugenden:

> »Tapferkeit setzt Verwundbarkeit voraus; ohne Verwundbarkeit gibt es nicht einmal die Möglichkeit der Tapferkeit.«[32]

Dies ist nämlich der entscheidende Punkt, daß alles Sicheinlassen mit der Wirklichkeit »weh tun« kann, und daß die Furcht vor der bloßen Möglichkeit des Schmerzes heute größer ist als die Furcht vor dem wirklichen Schmerz selbst. In einem nach allen Seiten auf Sicherheit ausgerichteten Leben hat die Tapferkeit keinen Platz.

Dies bedeutet allerdings eine Verkürzung der Lebenswirklichkeit des einzelnen um eine ihrer Grundhaltungen und somit eine Verarmung des Lebens.

Die allseitige Absicherung verrät dabei eine tiefe Unsicherheit. Auch hier kann die Sprache einen Hinweis geben. Sicher, lateinisch »securus«, ist jemand, der ohne Sorge, »sine cura«, lebt. Diese Art von Sorglosigkeit kann aus einem tiefen Vertrauen zum Leben kommen. Ihr Zerrbild ist der Leichtsinn, die Unbekümmertheit um das eigene Leben und das Leben anderer. Aber der Leichtsinn setzt etwas aufs Spiel, während die ängstliche Bedachtnahme auf Sicherheit jedem Wagemut ausweicht.

Die Tugenden – auch die Tapferkeit – brauchen, um gedeihen zu können, einen Raum der Geborgenheit. Auch der aus seinem Lebensvertrauen heraus Sorglose fühlt sich geborgen. Besonders deutlich wird die Notwendigkeit von Vertrauen und Geborgenheit im Bereich der Erziehung des Kindes. Wenn dieses in ersten tastenden Versuchen sein Leben erprobt, braucht es ein Gefühl des Vertrauens, um sich entfalten und damit selbständig werden zu können. Solche Selbständigkeit besteht nicht zuletzt darin, sich in neuen und überraschenden Situationen behaupten zu können. Sprunghaftes und unvorhersehbares Agieren entspringt einer mangelnden Selbstsicherheit. Labile Menschen haben ein erhöhtes Bedürfnis nach Selbstverteidigung. Sie sehen auf Grund ihres Mißtrauens selbst dort Gefahren, wo keine vorhanden sind. Die Unsicherheit wird sodann in weiterer Folge zum Nährboden der Aggressivität. Dies ist ein Phänomen, das der Mensch zwar auf seine Weise, aber doch mit vielen höher entwickelten Lebewesen teilt. Der Biologe Hassenstein weist in diesem Zusammenhang auf die sogenannten

»Angstbeißer« unter den Tieren hin, deren Bereitschaft zuzuschnappen höher ist als die ruhiger, »selbstsicherer« Tiere. In entsprechender Modifikation gilt dies auch für den Menschen:

> »Hierdurch erklärt es sich auch, warum Kinder, die in den ersten Lebensjahren eine gleichbleibende mütterliche Betreuung entbehren mußten, später zu unkontrollierbarer Aggressivität neigen: Ihnen fehlte der für Kleinkinder einzig mögliche Hort der Sicherheit, das *bekannte* Gesicht der schützenden Mutter. Dadurch ist für ihr ganzes späteres Leben die Angst permanent gesteigert.«[33]

In unserer Zivilisation liegt die Tendenz, das über die Notwendigkeit hinausgehende Sicherheitsverhalten noch zu verstärken. Auf Grund unserer technischen Fähigkeiten haben wir heute ungeahnte Möglichkeiten der Lebenssicherung entwickelt. Anderseits entstanden auch bisher nie dagewesene Gefahren für das Leben des einzelnen Menschen und für das Überleben alles Lebendigen auf unserem Planeten. Es entsteht also ein besonderes zivilisationsbedingtes Sicherheitsbedürfnis, das wiederum neue Formen der Absicherung gegen Gefahren entwickeln läßt. Dabei wird die als Sorglosigkeit zum Leben selbst gehörende ursprüngliche Weise der Sicherheit immer mehr aus den Augen verloren.

Das Zusammenwirken von Sicherheitsbedürfnis und Angstgefühl beeinflußt wesentlich die öffentliche Meinung in bezug auf den Schmerz. Zur naturgegebenen Angst vor dem Schmerz kommt die nun freilich nicht mehr natürliche Angst vor der Angst, die zu vorbeugenden Maßnahmen um ihrer selbst willen führt. Dabei kommen zu Aggression und Angst noch weitere Momente hinzu. Sie hängen mit der Unfähigkeit des einzelnen zusammen, Konflikte zu lösen, mit seiner gesteigerten Isolation, die aus dem Schmerzerleben schon natürlicherweise kommt, und nicht selten mit einem von der Gesellschaft aufgenötigten Außerseitertum. Vereinsamung, Verbitterung und Resignation führen zu einer Verwahrlosung an Leib und Seele, in der letzten Endes die Maßstäbe verloren gehen. Man weiß sozusagen nicht mehr, was einem »gut tut« (und von einem solchen Guttun handelt ja alle Moral mit ihren Kardinaltugenden und Tugenden!), und eine wesentliche Folge dieses derartigen Wirklichkeitsverlustes ist die Schaffung einer Scheinwelt, die alles das geben soll, was vom Leben – wirklich oder vermeintlich – verweigert wird. Das Eintrittsgeld in eine solche Welt der Illusion ist die Droge.

Man betrachtet sie – wiederum in der Perspektive der Öffentlichkeit – häufig nur als Ursache der Zerstörung menschlichen Glücks. Aber sie ist zugleich Folge einer bereits beschädigten Wirklichkeit. Der Mensch ist wesentlich Mitmensch. Das gilt auch in einer besonderen Weise für Situationen, in denen es gilt, Konflikte zu lösen. Die Droge bietet den Scheinersatz für die gemeinschaftliche Bewältigung problematischer Situationen. Daß bereits gestörte zwischenmenschliche Beziehungen durch ein Objekt, nicht durch mitmenschliche Hilfe, bereinigt werden sollen, führt nur noch tiefer in eine entpersönlichte und zerstörte Wirklichkeit hinein.

Was die Droge zur »Droge« macht (ursprünglich bedeutete ja das französische »drogue« nur die getrocknete Heilpflanze), sind Sucht und Gewöhnung. Jene bezeichnet das medizinische Moment der Krankheit, diese das ethische der Unfreiheit. Dabei darf nicht übersehen werden, daß die in diesem Zusammenhang nun schon oft genannte Öffentlichkeit nicht alles zu Drogen rechnet, was in Wahrheit auch Drogen sind. Es gibt, grob gesagt, drei große Bereiche sehr unterschiedlicher Toleranz, denen gemäß die Drogen hinsichtlich ihrer gesellschaftlichen Anerkanntheit eingeteilt werden können. Zunächst sind jene Drogen zu nennen, vor denen die Gesellschaft mit Recht zurückschreckt, indem sie die sichtbaren Folgen des psychischen und physischen Verfalls vor Augen hat, also Halluzinogene wie Haschisch, Marihuana und LSD, dazu die Opiate, nämlich Opium, Morphium und Heroin.

Daneben kennt unsere Gesellschaft eine Droge, die sie nicht als solche bezeichnet, obgleich die Voraussetzungen dafür gegeben wären. Sie ist gesellschaftlich weitgehend integriert und übertrifft daher in ihrer Verbreitung (und auch in der damit zusammenhängenden wirtschaftlichen Belastung) die erstgenannten bei weitem. Das soll keine Verharmlosung der üblicherweise so genannten Drogen sein, aber das Problem auch nicht einseitig darstellen. Ich meine hier den Alkohol, der die zu seiner Beschreibung nötigen Charakteristika von Sucht und Gewöhnung im vollen Maße erfüllt. Auf Grund bestimmter verharmlosender Merkmale, zu denen auch der Anschein von Unentbehrlichkeit in bestimmten Kreisen gehört, auch auf Grund seiner Tradition und wohl auch deshalb, weil sein Genuß den Mißbrauch nicht von vornherein einschließt, spielt er unter den Fluchterscheinungen unserer Zeit eine so bedeutende Rolle. Wo Formen des sozialen Zusammenlebens besonders gefährdet sind, stellt er in erhöhtem Maß ein Problem dar. Und ebenso wie andere

Drogen ist er nicht nur Folge, sondern auch Ursache zerstörten Sozialverhaltens. Neben den physischen Folgen, die mit ihm verbunden sind, der Herabsetzung des Lebensalters und der steigenden Anfälligkeit für Krankheiten mit allen entsprechenden Problemen, ist hier als extremste Form der Abwendung von der Realität die verstärkte Tendenz zum Selbstmord zu nennen.

Der dritte Bereich betrifft die Medikamente selbst. Weil es sich um Heil-Mittel handelt, wird ihr Mißbrauch gleichfalls verschleiert. Zudem sind Medikamente verhältnismäßig leicht und auch »offiziell« zugänglich, so daß die Möglichkeit zum Medikamentenmißbrauch sehr hoch ist. Zwar wird er als solcher gesellschaftlich niemals toleriert, doch genießt er den Vorteil der Tarnung. Betreffen die beiden ersten Bereiche in erster Linie die psychische Ausnahmesituation, so spielt hier der körperliche Schmerz eine unmittelbare Rolle[34].

Der Mißbrauch schmerzstillender Medikamente hängt mit der Form der Entwicklung der Medizin im vorigen Jahrhundert zusammen. So wurde die sogenannte »Soldatenkrankheit«, eine Schlafmittelsucht, während des amerikanischen Bürgerkriegs 1843 durch die Erfindung der Injektionsspritze begünstigt. Man hielt Heroin für ein Heilmittel gegen die Morphiumsucht. Physische und psychische Abhängigkeit wurden dabei erst viel später erkannt[35]. Aber erst mit der weiten Verbreitung und Zugänglichkeit gewisser Medikamente, die, unter Kontrolle genommen, als harmlos betrachtet werden konnten, wurde der Heilmittelmißbrauch zu einem Problem allgemeiner Art.

Helga Hausmann hat in einer wichtigen Arbeit zum Thema »Schmerz« am Beispiel des Kopfschmerzes und des damit verbundenen Heilmittelmißbrauchs konkret gezeigt, wie eine mitmenschliche Konfliktsituation mit dem Pseudolösungsversuch eines »völlig harmlosen« Analgetikums zusammenhängt. Dabei ist es von vornherein wichtig zu sehen, daß ein so »leibhaftes« Phänomen wie der Kopfschmerz in eminenter Weise etwas »Psychisches« darstellt. So gibt es z.B. einen muskulär bedingten Kopfschmerz, bei dem sich Nacken- und Kopfmuskulatur verkrampfen und damit die Blutgefäße verengen. Diese Verkrampfung ist aber das Symptom einer Angriffsstellung, die allerdings nicht nur auf seelische Spannungen, sondern auch auf körperliche Überbeanspruchung zurückgeführt werden kann[36]. Kopfschmerz ist also, wenigstens zu einem Teil, die Reaktion auf eine ungelöste Spannungssituation. Anstatt auf die damit verbundene Problematik einzugehen, sucht sich der Betroffene durch ein Analgetikum vom Schmerz zu befreien. Er kommt dabei einer natürlichen Tendenz zur Ausschaltung des Schmerzes ebenso entgegen wie dem geheimen Wunsch, seinen Schwierigkeiten aus dem Wege gehen zu können. Zudem gewinnt er, wie Hausmann gezeigt hat, noch andere Vorteile. Er kommt in den Status des Kranken, der ihm eine sonst vielleicht nicht vorhandene besondere Bedeutung verleiht. Er kann an das Mitleid der Umwelt appellieren und bringt mit seinem Gebrauch der Medikamente zugleich zum Ausdruck, etwas zu tun, um die Situation zu bereinigen.

> »Sein Medikamentengebrauch dokumentiert gewissermaßen einen besonderen Einsatz und fördert sein soziales Ansehen.«[37]

Dabei ist es erwiesen, daß übermäßiger Medikamentengebrauch der Kopfschmerzentwicklung Vorschub leistet. So wird das Mittel gegen den Schmerz zur Ursache neuer Schmerzen. Dies führt aber dazu, daß der Tablettengebrauch intensiviert wird. Hausmann hat die Situation zusammenfassend so beschrieben:

> »Kopfschmerz und Schmerzmittelmißbrauch stellen im vorliegenden Konzept gleichsam einen Modus dar, eine mißlungene Bewältigung mitmenschlicher Spannungen zu tarnen. Dies ›verlockt‹ nicht zuletzt deshalb, da die Situation des Krankseins und Schmerzhaft-Getroffenseins in unserem Kulturkreis als unerwünscht bewertet wird und eine Tarnung psychischer Probleme durch Rückzug in den physischen Bereich in der Schau der Umwelt nicht unmittelbar auf der Hand liegt, ja oft für die Person selbst nicht einmal einsichtig ist. Aus dieser Sicht läßt sich das Schmerz- und Schmerzmittel-Geschehen als Ausdruck motivierten abweichenden Verhaltens auffassen. Es ist nicht ausgeschlossen, daß Komponenten dieser Motivation Gemeinsamkeit mit Abweichungstendenzen haben, die sich in anderen Formen und anderen Lebensbereichen zeigen.«[38]

c) Die Gefahr der Verarmung menschlicher Erfahrung

Hausmann hat in ihrer Analyse des Kopfschmerzphänomens dessen Verdrängung in den größeren Zusammenhang der Schmerzverdrängung überhaupt gestellt. Den Schmerz verdrängen, bedeutet etwas anderes, als ihn zu vermeiden suchen. Das letztere ist dem Menschen durchaus natürlich. Es ist das Ausweichen vor einer Gefahr, während die Verdrängung den unnatürlichen Fall eines Ausweichens vor dem Anzeichen von Gefahr darstellt. Es ist ein Sich-Blindstellen und damit selbst etwas Gefährliches. Daß das Heilmittel dabei zum Mittel der Verschleierung von Gefahr wird, macht die Sache nur noch bedenklicher.

Der heutige Mensch ist in einem radikalen Umbruch begriffen. Manchmal könnte es scheinen, als kenne er das Ziel zwar noch nicht, schicke sich jedoch an, die Instrumente, die ihm bisher den Weg gewiesen haben, zu vernichten. So ist auch die Verkennung der Warnfunktion des Schmerzes im Zusammenhang mit einem Sich-Herauslösen aus der eigenen Vorgeschichte zu sehen. Denn der Mensch ist ja nicht nur durch sein individuelles Herkommen und seine aktuellen Umweltbedingungen geprägt, sondern in all dem auch von seiner Stammesgeschichte. Er ist in gewissem Sinne niemals nur Individuum, sondern immer auch seine Gattung. Er ist freilich seine Gattung in personaler Weise (und kann daher niemals zu einem Allgemeinen werden), aber er ist andererseits auch Person nie ohne seine gattungsmäßigen Bedingungen.

So sind die Lebensvorgänge der einzelnen Person durch Ereignisse bestimmt, die in älteste Zeiten zurückreichen. Der »alte« Mensch in diesem Sinne steht unter dem Prinzip der Lebenserhaltung um jeden Preis. Daher kommt dem Schmerz in bezug auf die menschliche Gattung eine derart zentrale Bedeutung zu.

Hunger tut weh. Und wie der Hunger sind alle Gefühle, die unmittelbar im Dienst des Überlebens stehen, mit dem Schmerz verbunden bzw. mit seinem Gegenteil, der Lust. Alles, was den Menschen zu bestimmten Handlungen motiviert oder vor ihnen zurückhält, ist von Lust und Unlust begleitet. Das gilt nicht nur für den somatischen Bereich. Bei diesem ist es allerdings besonders deutlich. Empfindungen eines Übermaßes an Kälte oder Hitze, an Helligkeit und Lärm, die Schmerzreaktionen bei Verletzungen, all dies zeigt auf bedrohliche Situationen hin, die immerhin für den Menschen der frühen Zeit allesamt lebensbedrohend waren. Auch das Psychische reicht in diesen Bereich hinab, hier zeigt sich aber, daß der Mensch ein Teil zweier Reiche ist, und jede Aussage über ihn, die ihn einseitig vom Biologischen her interpretieren wollte, müßte deshalb Wesentliches unterschlagen. Zugleich aber darf die gattungsmäßig-biologische Seite nicht vergessen werden, die zu seiner Konkretheit gehört.

Deutlich ist dieser letztere Zusammenhang vor allem bei Völkern, die von der Zivilisation noch weitgehend unberührt sind. Der dänische Forscher Hans Bjerre berichtet von den Buschmännern der Kalahari, daß diese zwei alte und gebrechliche Menschen ausgesetzt hatten, weil sie ihnen auf der weiteren Wanderung zur Last gefallen wären. Man hatte ihnen zwar noch einen Zaun aus Dornen zum Schutz gegen wilde Tiere geflochten und etwas Nahrung zurückgelassen, aber ansonsten mußten die beiden wissen, daß es mit ihrem Leben zu Ende sei. Rudolf Bilz, der diesen Bericht in seinen Studien über Paläoanthropologie wiedergibt, ist der Meinung, daß sich diesbezüglich, was das katastrophale Lebensende betrifft, bis heute nichts geändert habe, nur weniger deutlich sei.

»Wenn die Leute als Bauern seßhaft geworden sind, wird das bittere Ende ein wenig ›verschleiert‹, indem man bis zum letzten Atemzug bei dem Sterbenden bleibt. Im Grunde aber ist es dasselbe: Man zieht weiter, in die Zukunft hinein und läßt die Alten zurück. Es handelt sich dabei nur um die Frage des Wie, d.h. unter welchen äußeren Umständen sie den Tod erwarten müssen.«[39]

Man nehme einmal die Aussage dieses bedeutenden Gelehrten in ihrem ganzen Gewicht! Bilz war Paläoanthropologe, d.h. er beschäftigte sich mit dem »alten« Menschen[40]. Seine Meinung, die er hier zum Ausdruck bringt, ist aber die, daß wir über den Status des »alten« Menschen bisher im Grunde keinen Schritt hinausgekommen seien. Diese Aussage interessiert im besonderen in bezug auf das heutige Verhältnis zum Schmerz. Der Schmerz steht, um es nochmals zu sagen, im Dienste des Überlebens. Dem Frühmenschen war das Ende des Lebens, der Tod, stets drastisch vor Augen. Wir sind heute durch eine Reihe von Lebenstechniken imstande, diese unmittelbare Gefahrensituation hinauszuzögern. Das ist die moderne Situation, von der Bilz im übrigen dort gar nicht spricht. Er nennt die bäuerliche Kultur, in der die Bitterkeit des Endes dadurch verschleiert worden sei, daß man den Sterbenden getröstet habe. Zu dieser bäuerlichen Kultur gehört in unserer Überlieferung das Christentum. Auch dieses hat ein besonderes Verhältnis zum Tod ausgebildet, und folgerichtig müßte auch dieses unter die Maßnahmen der Verschleierung gerechnet werden. Christlicher Trost wäre so auch in diesem Bereich und hier vor allem »Opium«, um an das bekannte Wort von Karl Marx zu erinnern.

Nun mag der bäuerliche Totenkult, was immer man darunter im einzelnen versteht, durchaus *auch* in den

Bereich illusorischer Tröstung gehören. Aber ihn *ausschließlich* von daher zu verstehen, das heißt vorauszusetzen, daß der Mensch ausschließlich vom »alten« Menschen her, ausschließlich paläoanthropologisch, verstanden werden darf. Alle Kultur wäre bloßer Aufputz einer ansonsten unerbittlichen Lebensrealität.

Ohne hier bereits im einzelnen darauf eingehen zu können, möchte ich die These wagen, daß dies eine Verengung des Wissens vom Menschen bedeutet, eine einseitige Festlegung auf seine Vergangenheit. Er muß zwar mit dieser fertigwerden, aber nicht in dem Sinne, daß er sie verleugnete (dies wäre Illusion), sondern im Sinne einer Art von Erwachsenwerden. So wie die Furcht zum »alten« Menschen gehört und das Kind unmittelbarer fürchtet als der erwachsene Mensch, ebenso muß alle menschliche Erfahrung »erfahrener« werden, das heißt eine Entwicklung durchmachen hin zum vollen Personsein. Nochmals gesagt, ohne hier vorgreifen zu wollen, sei doch auch der Endpunkt dieser »Fahrt« genannt. Am Anfang (der »alte« Mensch) steht das Überleben um jeden Preis, und am Ende ist die Erfahrung, daß bloßes Überleben-Wollen noch nicht wirkliches Leben ist, daß das pure Sichfestklammern am Leben gerade der Tod-im-Leben ist, und zwar genau im Sinne jenes Wortes aus den Evangelien: »Denn wer sein Leben retten will, der wird es verlieren.«[41]

Man gestatte mir, weiterhin vom »alten« Menschen zu sprechen und ihm seinen Gegensatz, den »neuen« Menschen, hinzuzugesellen. Beide sind nicht zwei verschiedene Personen oder geschichtliche Figuren, die eine der Vergangenheit, die andere der Gegenwart zugehörig. Jeder ist »alter« und »neuer« Mensch zugleich, jener kraft seiner gattungsmäßigen Herkunft und dieser im Maße seines Personseins. Nun ist der »alte« Mensch vom Gedanken des Überlebens besessen. Sein Leben ist von der Angst beherrscht. Der Tod steht als Unüberwundener mitten in seinem Leben. Der »neue« Mensch ist im Gegensatz dazu derjenige, der aus der Freude lebt und der sich aus Freude anderen hingibt. Im Sinne des voll entfalteten Personseins müßte dies heißen, daß er in dieser Hingabe auch dort nicht einhält, wo diese ihm schlecht gelohnt wird. Er würde sich im äußersten Fall sogar für seine Feinde hingeben. In diesem Sinne hätte er über den Tod gesiegt. Er hätte auch den Schmerz auf sich genommen, jeden Schmerz, auch die Zeiten der Verlassenheit. Wenn Bilz im Zusammenhang mit der Verlassenheit der beiden alten Menschen, die man ausgesetzt hatte, von einem »katastrophalen Abschluß ihres Seins«[42] sprach, so ist dies in paläoanthropologischer Hinsicht richtig. Aber es ist dem hinzuzufügen, daß dies nicht die einzige Interpretation der Verlassenheit sein muß. Die Christen bekennen, daß Jesus eine ähnliche Verlassenheit *frei* auf sich genommen habe aus Liebe zu allen Menschen, einer Liebe, die vor seinen Feinden nicht Halt machte. Hier ist der Grundsatz des »safety first«, wie er für den »alten« Menschen – und jeden von uns, insofern wir »alter« Mensch sind – maßgeblich ist, aufgehoben und verwandelt in Leben. Genau in diesem Sinne verstehe ich das Wort von Franz Rosenzweig, dem großen jüdischen Denker:

> »Der Weg des Christen ist in jedem Augenblick Kreuzweg.«[43]

Die moderne Medizin, die im Dienste der Schmerzbekämpfung steht, ist als solche neutral. Das heißt aber auch, daß sie nicht schon von selbst ein erfüllteres Leben gewährleistet, wenn sie die Mittel zum Überleben bereitstellt. Freilich wird man nicht leugnen können, daß sie bestimmte Voraussetzungen mit bereitstellen kann, die zu einem Leben gehören, das mehr als ein bloßes Dahinvegetieren ist. Einem Kranken zu helfen, heißt ja immer auch, ihm seine Schmerzen zu lindern. Daß sich im Schmerz die Freude zu bewähren hat, kann ja nicht heißen, jemandem seine Schmerzen zu belassen. Gerade langdauernde Schmerzen können einen Menschen zerstören, sein Personsein zutiefst verändern.

Aber wir sind ja heute weit über die aktuelle Situation hinaus bestrebt, Schmerzen tunlichst schon vor ihrem möglichen Auftreten auszuschließen. Mit Hilfe modernster Wissenschaft treten wir dem Schmerz in der Angst des »alten« Menschen gegenüber.

Das Ideal eines schmerzfreien Lebens ist nicht schon als solches verwerflich. Es kennzeichnet alle Vorstellungen von einem besseren und glücklicheren Leben. Man kann aber den Schmerz nicht völlig zum Schweigen bringen, ohne dem Leben etwas Wesentliches zu nehmen. Ein Mensch, der keine Schmerzen haben *könnte* – was jenem Ideal entspräche –, geriete ständig in Lebensgefahr. Darüber hinaus müßte also dem Leben jeglicher Stachel genommen werden – unmenschliche Bedingung für eine vermeintlich menschlichere Zukunft! Nicht das Ideal eines schmerzfreien Lebens ist also verwerflich, wohl aber der Preis, um den es erkauft werden müßte.

Der polnische Philosoph Leszek Kolakowski charakterisiert unsere Zeit als eine »Kultur der Analgetika«, eine

Art des menschlichen Zusammenlebens also, das wesentlich durch Mittel der Schmerzbetäubung bestimmt ist. Er zeigt dabei, daß der Schmerz zum Symbol wird für alles, was wir fliehen: für Einsamkeit, Leiden, Ungerechtigkeit, Hilflosigkeit und so auch ein Zeichen für den letzten Schmerz, den Tod. Es ist, wie wir sagten, der »alte« Mensch, der heute wieder im Vormarsch ist. Damit wird der Reichtum von Erfahrung, zu welchem Tapferkeit und Ausdauer, Hingabe und Duldsamkeit und vieles andere gehören, auf die *eine* Haltung ängstlicher Lebensbewahrung reduziert. Das bedeutet eine ungeheure Verarmung menschlichen Zusammenlebens.

Der Ausdruck »Kultur der Analgetika« macht den hier in Frage kommenden Sachverhalt sehr gut deutlich: »Kultur« bezeichnet, wie wir gesehen haben, eine bestimmte Weise menschlichen Zusammenlebens. Kultur ist Lebensform, Ordnung und Aufgabe des Menschen, um Johannes Messner zu zitieren[44]. Sinn und Ziel aller Kultur ist der Mensch. Im Ausdruck »Kultur der Analgetika« ist aber ein anderer Sinn gemeint: Die Schmerzbekämpfung steht nicht im Dienste des Menschen, sondern dieser wird dem »Ideal« eines schmerzunempfindlichen Lebens unterworfen. Praktisch sieht dies so aus, daß die Forschung und die mit dieser heute schon untrennbar verbundenen wirtschaftlichen Interessen nicht mehr in den Verband allgemeiner menschlicher Interessen eingebunden sind, sondern sich verselbständigt haben. *Eine* Perspektive, und zwar gerade die für sich genommen außerhalb des eigentlichen Humanum stehende, wird maßgeblich für die Interpretation der *ganzen* Realität des Lebens. In diesem Zusammenhang sagt Kolakowski:

»Zu den besonders signifikanten Zügen unserer Zivilisation gehört (die eher praktizierte, seltener ausgesprochene) Überzeugung, daß die Absicherung vor dem Leiden jeden Preis wert sei, und daß insbesondere diejenigen Güter, deren Wert sich nicht genau bestimmen läßt und die zugleich nicht ohne den Schmerz erworben werden können, Erfindungen von Wirrköpfen oder Überbleibsel des Aberglaubens seien.

Selbst die imposanten Triumphe der Medizin über die Krankheit und den körperlichen Schmerz, Werte also, die am wenigsten umstritten werden und am evidentesten sind, werden nicht erst seit heute mit Phänomenen in Zusammenhang gebracht, die keineswegs die Besorgnis von Philosophen oder religiösen Propheten erwecken, sondern der Ärzte selbst. Die prophylaktische und therapeutische Besessenheit ist Ursache allgemein bekannter Erscheinungen, über die die Medizin die Kontrolle verloren hat: der phantastische Medikamentenmißbrauch, verbunden mit dem stets steigenden Verlust des therapeutischen Effekts dieser Mittel, vor allem jedoch mit Nebenwirkungen, die schädlich sind und ihrerseits therapeutische Maßnahmen verlangen. Diese Phänomene sind seit langem beschrieben worden, seltener wurden ihre Quellen in der Grundeinstellung zum Leben selbst gesucht, die von der industriellen Zivilisation verbreitet wird. Es scheint, als ob die Angst vor der Krankheit zuweilen bedrohlicher wäre als die Krankheit selber und die Angst vor dem Schmerz schlimmer als der Schmerz ...«[45]

Kolakowskis Ausführungen, eine wesentliche Illustration der Ausführungen dieses Kapitels, kulminieren in der Feststellung:

> »Die Narkotisierung des Lebens ist der Feind der menschlichen Gemeinschaft. Je unfähiger wir werden, das eigene Leiden zu ertragen, desto leichter fällt es uns, fremdes Leiden zu dulden.«[46]

3. DIE MEHRDIMENSIONALITÄT DER FRAGE NACH DEM SCHMERZ

a) Die Einheit der Erfahrung

Im Rahmen der bisherigen Behandlung des Themas sollte vor allem deutlich werden, daß der Schmerz unter mehreren Gesichtspunkten betrachtet werden kann. Wir haben am Anfang sogar eine gewisse Wertung vorgenommen: Weil der Schmerz ein Phänomen ist, das zu Lebewesen gehört, mußte die somatische Perspektive der psychischen untergeordnet werden. Insofern er in einer besonderen Weise den Menschen betrifft, stehen alle Erscheinungen, ob ausdrücklich oder nicht, im Horizont dessen, was ich den pneumatischen oder spirituellen Gesichtspunkt der Betrachtung genannt habe. Dem gilt es, in diesem Kapitel noch weiter nachzugehen.

Nach einem berühmten Wort von Henri Poincaré darf bezweifelt werden, daß ein Naturforscher, der sein Leben lang den Elefanten unter dem Mikroskop studiert hat, diesen nun hinreichend kennt. Das gilt auch hier, muß aber noch ergänzt werden. Der Schmerz ist als Erscheinung des menschlichen Lebens niemals nur ein natürliches Vorkommnis, sondern immer auch schon geschichtlich geprägt. Er kommt in aller bisherigen Überlieferung stets bereits gedeutet vor, also nicht in einer nackten und bedeutungsfreien Grundgestalt, sondern immer schon geformt. Er erscheint in bestimmter kultureller Prägung.

Als Kulturphänomen nimmt er aber heute, wie es scheint, an der allgemeinen Krise der Kultur teil. Gerade die spirituelle Dimension scheint dabei in Vergessenheit zu geraten.

Vor mehr als einem halben Jahrhundert hat Max Scheler in bezug auf das Menschenverständnis dieses Jahrhunderts gesagt:

> »Wir sind in der ungefähr zehntausendjährigen Geschichte das erste Zeitalter, in dem sich der Mensch völlig und restlos ›problematisch‹ geworden ist; in dem er nicht mehr weiß, was er ist, zugleich aber auch *weiß, daß* er es nicht weiß.«[47]

Dies gilt heute erst recht und gilt auch für eine Betrachtung des Schmerzes. Es mag allerdings sein, daß sich heute viele eher damit abgefunden haben, nicht zu wissen, wer sie sind, und daß ihnen ihr Problematisch-Sein unproblematisch geworden ist. Allerdings zeichnet sich hierin angesichts des Bewußtseins der Notwendigkeit »alternativer« Lebensformen wiederum ein Wandel ab.

Das kulturelle Vakuum kann durch Technik und Naturwissenschaften nicht gefüllt werden. Demgegenüber steht allerdings der Anspruch dieser Wissenschaften. Sie meinen, dank größerer methodischer Exaktheit auch im Bereich personaler Lebensgestaltung mitbestimmen zu können. Sie verstehen sogar das Ganze des menschlichen Lebens unter dem Aspekt der totalen Berechenbarkeit:

> »Es wird angenommen, daß das Lebensgeschehen und die psychischen Vorgänge aus der Anordnung und physikalischen Wechselwirkung der Teile des Organismus im Prinzip vollständig geklärt werden können.«[48]

Diese Annahme stellt einen Anspruch dar, an dem jeder andere Anspruch gemessen werden soll. Nicht in der Annahme als solcher also, sondern in ihrem Anspruch liegt die Problematik. Es geht ja nicht darum, bestimmte Lebensvorgänge zu erklären, sondern es geht um die methodische Einsicht, daß mit dieser Erklärung vieles noch gar nicht getroffen ist.

Sobald sich die Naturwissenschaften ihrer methodischen Voraussetzungen methodisch klar bewußt sind, wird niemand ihren Anspruch bestreiten. Aber ihre Erfolge, wie sie vor allem das neunzehnte Jahrhundert gebracht hat, haben dazu geführt, daß sie ihren Anspruch auch auf den Bereich der Sittlichkeit ausdehnten. Dabei war das vergangene Jahrhundert offenherziger in seinen diesbezüglichen Aussagen als das unsere. Eine Anekdote mag dies deutlich machen:

> »Als die Naturforscher im nordischen Kiel die 25. Versammlung 1847 nach Aachen einberufen, wird auf die dort soeben stattgehabte Heiligtumsfahrt aufmerksam gemacht: ›Die Kirche hat dieses Jahr in Aachen ihre Reliquien ausgestellt, darum lassen Sie uns im nächsten dort den Tempel der Wissenschaft eröffnen.‹ Das Argument zieht und überzeugt, und im nächsten Jahre wallfahren die Naturforscher nach Aachen.«[49]

Die Wissenschaften verstehen sich heute nicht mehr in so direkter Weise als Nachfolger der Kirchen. Das hängt aber zum Teil nicht damit zusammen, daß sich das Selbstverständnis gewandelt hätte, daß an die Stelle des Totalitätsanspruches methodische Bescheidung getreten wäre. Sondern man spricht nicht mehr über die Nachfolge, weil die Nachfolgefrage gelöst zu sein scheint. Zentral gesteuerte Gesellschaften machen hierin die Konsequenzen deutlicher: die Unterordnung des gesamten Lebens unter die Wissenschaft. Nach einer programmatischen Erklärung eines Mitgliedes der Moskauer Akademie der Wissenschaften, Kedrow:

»1. Das Problem der Heilung wird verdrängt werden durch die Probleme der ärztlichen Prophylaxe.

2. Die Festung Krankheit wird in breiter Front bestürmt und wird zerstört werden. ›Es wird keine Krankheiten mehr geben.‹

3. Das Ziel der kommenden Medizin dient der Verlängerung des Lebens bis zu 200 Jahren, und dies bei voller Erhaltung der Jugendlichkeit und Schönheit. ... ›Die Zukunft bringt ein herrliches Leben, schöner als alles, was die Menschheit kennt!‹«[50]

Gegen diesen einseitigen Erfahrungsbegriff mehren sich heute die warnenden Stimmen gerade auch aus dem Lager der Naturwissenschaftler. Man erkennt zunehmend, daß der technische Erfolg nicht schon auch ein Garant eines humaneren Lebens ist. Die Sonderstellung der Wissenschaften wird in Frage gestellt. Hat man lange genug ihre Größe gepriesen, so beginnt man, sich über ihre Grenzen den Kopf zu zerbrechen. Gleichsam als Gegenprogramm zu den von ihm selbst zitierten Feststellungen Kedrows sind diese Sätze des Mediziners Heinrich Schipperges zu verstehen:

»Die Anthropologien des 19. Jahrhunderts, wie sie in radikalster Form auf den Naturforscher-Versammlungen proklamiert worden sind, haben sich als utopisch erwiesen. Naturalismus führt nicht zum Humanismus. Geschichte und Gesellschaft folgen eigenen Gesetzen. Wir haben Abschied zu nehmen von der unseligen Verflechtung von Naturwissenschaft, Entwicklungslehre und Sozialbewegung und damit auch vom Glauben an jene Wissenschaft, die das einzig Verbindliche in unserer unverbindlichen Welt zu sein schien.«[51]

Die Wissenschaften in ihrem Anspruch relativieren, heißt nicht, auf sie verzichten. Nicht einer neuen Uniformität, sondern einer Vielfalt von Betrachtungsweisen soll das Wort geredet werden. Das ist kein Erkenntnisrelativismus, für den eine Methode so viel wert ist wie die andere, und bei dem im Grunde genommen nur die Effizienz zählt. Damit das aber kein Relativismus ist, ist es notwendig, einen Bezugspunkt zu ermitteln. Dies ist der gemeinsame Erfahrungsboden. Jede wissenschaftliche Beschäftigung ist solange hinsichtlich ihrer Bedeutsamkeit ungeklärt, als nicht der Nachweis erbracht ist, in welcher Weise sie im Dienst des Lebens steht. Leben bedeutet dabei nicht bloß überleben, sondern, um einen neuerdings strapazierten Ausdruck zu gebrauchen, »Lebensqualität«. Dabei läßt sich, wie nun schon wiederholt betont wurde, das in besonderer Weise »qualifizierte« Leben des Menschen weder nur biologisch, noch nur gesellschaftlich erklären. Der Rückgang auf die menschliche Lebenswelt als den gemeinsamen Erfahrungsboden stellt primär ein moralisches Problem dar. Die von da her kommenden Fragen betreffen in erster Linie nicht wissenschaftlichen Fortschritt und technische Machbarkeit, sondern die Zukunft eines mitmenschlichen und deshalb menschlichen Zusammenlebens. Das involviert etwa die

Frage, inwiefern der gigantische wissenschaftliche Fortschritt in den Dienst eines besseren Lebens gestellt werden kann und inwiefern ihm ein Wachstum an Lebenserfahrung entspricht. Und dies führt auf das von den Wissenschaften gar nicht lösbare heikle Problem, inwiefern freiwillige Selbstbeschränkung in bezug auf die Machbarkeit einen größeren Fortschritt darstellen könnte.

Der wissenschaftlichen Utopie eines gleichsam göttlichen Lebens der Menschen auf Erden (der Himmel auf Erden wurde in den letzten zwei Jahrhunderten wiederholt beschworen!) steht ein Rückgang auf die Erfahrung entgegen, die vor allem dadurch ausgezeichnet ist, daß sie offen für neue Erfahrung und damit verletzlich ist. Erfahrung ist nur solange und nur in dem Maße lebendig, als sie von anderer Erfahrung betroffen werden kann. Solches Betroffenwerden ist dabei im Grunde genommen etwas, das schon lange der Geschichte des Menschen zugehört: Er-fahrung als Heimfahrt. Ein erfahrener Mensch hat zwar viel gesehen, doch dies war nicht das Ziel. Erfahren sein, heißt bei sich angekommen sein. Das ist der Inhalt nicht nur der unter Homers Namen überlieferten Odyssee. Bei sich angekommen sein, das bedeutet, den Tod-im-Leben bestanden haben, seinen imaginären Tod, der in der Angst vor der Angst auf dem Sprunge ist, es heißt, dem eigentlich vom Tod gebannten Leben abgestorben zu sein und zu einem wirklichen Leben erwacht sein. Dieser Prozeß vollzieht sich nur in seltenen Fällen ohne Schmerz.

Dem Leben dienen, setzt voraus, daß man weiß, wem man dient. Die Wissenschaften können von sich aus ein solches Wissen nicht erbringen. Für sie ist Leben, wie das Beispiel, das Kedrow brachte, zeigte, unter Umständen nur quantitatives Noch-mehr-Leben, und dies in der Überzeugung, die Qualität werde sich dann schon von selbst einstellen.

b) Die Erweiterung der einseitig somatischen Fragestellung

Für die naturwissenschaftliche Medizin ist nur das ein Gegenstand der Forschung und nur insofern, als er berechenbar ist. Sie hält sich dabei an eine im Grunde schon alte Forschungsmaxime. Diese wurde am Anfang der Neuzeit von dem Philosophen und Mathematiker René Descartes ausgegeben. Es ging diesem um die Herausarbeitung einer unzweifelhaften und zuverlässigen Erkenntnis. Solche gibt es nur im Rahmen mathematischer Gewißheit. Descartes schloß daraus,

> »daß, wer den richtigen Weg zur Wahrheit sucht, mit keinem Gegenstand umgehen darf, über den er nicht eine den arithmetischen oder geometrischen Beweisen gleiche Gewißheit gewinnen kann«[52].

Was Descartes hier vor mehr als dreieinhalb Jahrhunderten formuliert hat, gilt bei aller Spezialisierung der Methoden noch heute. Dementsprechend muß schon die Annahme einer »Seele« als etwas durchaus Problematisches erscheinen, während alles, was darüber hinausgeht – die Rede von spiritueller Erfahrung etwa –, in den Bereich reiner Spekulation verwiesen wird. Über das Erklärungsmodell auf somatischer Grundlage hinaus sollten, von diesem Anspruch her, keine weiteren Versuche der Aufhellung unternommen werden.

Somatisch gesehen, handelt es sich beim Schmerzgeschehen um erregungsauslösende Reize, die eine freie Nervenendigung treffen und durch bestimmte Nervenfasern weitergeleitet werden, wobei ein Schmerzbewußtsein sich erst in der Großhirnrinde vollzieht. Was hier nur im gröbsten angedeutet wurde, steht in seiner Bedeutung außer Zweifel. Doch muß man sich darüber im klaren sein, daß mit dieser somatischen Betrachtungsweise das Lebensgeschehen im ganzen und der Schmerz als Phänomen dieses Ganzen noch ungeklärt bleiben.

Am Anfang des vorigen Jahrhunderts hat man die Krankheit im Rahmen der Naturbetrachtung der Romantik noch als Teil eines großen einheitlichen Systems begriffen. Die einseitige Bevorzugung des »Geistigen« führte allerdings dann im Gegenzug zu seiner totalen Verneinung, und der Triumph der naturwissenschaftlichen Medizin des neunzehnten Jahrhunderts schien endgültig über alle anderen Versuche gesiegt zu haben. Dies hat sich in unserem Jahrhundert geändert, wenn auch aus verschiedenen Gründen die naturwissenschaftlich orientierte Medizin den Ton angibt.

Dabei wurde die einseitig am methodischen Ideal der Naturwissenschaften orientierte Medizin vor allem von Seiten der Psychosomatiker ergänzt. Damit aber kamen Fragen zur Sprache, die man bereits für überwunden gehalten hatte, Fragen nach dem Sinn des Krankseins, nach dem Sinn ärztlichen Tuns und nach dem Verhältnis des Arztes zum Patienten. Einer der ersten und bedeutendsten Vertreter dieser Richtung war Viktor-Emil von Gebsattel. Mit seiner Betonung der »existenziellen« Seite der Krankheit verbindet sich die Absage an den methodischen Reduktionismus des rationalistischen Mediziners:

»Der wirkliche, der eigentliche Mensch, ob krank oder gesund, bleibt somit grundsätzlich der Wissenschaft entzogen, und vom Arzt gilt das gleiche, sobald er ihren Logos zum Richtbild seiner Menschenauslegung erhöht, d.h. sobald er diesem Logos eine privat oder leider nicht privat bleibende Anthropologie entlehnt. Denn es gehört zu ihrem Geist, zum Gesetz ihrer rationalen, methodischen Verarbeitung des ursprünglich Gegebenen und Vorliegenden, daß sie dieses Gegebene, und wäre es sogar die Person des Menschen, reduziert. Sie unterwirft sich dieser reduktiven Zielsetzung als einer Aufgabe.«[53]

Der Somatiker fragt nach dem »soma«. Dieses griechische Wort birgt eine nicht ganz ungefährliche Zweideutigkeit in sich – es meint sowohl »Körper« als auch »Leib«. Der Leib ist nicht einfach mit dem Körper identisch, auch wenn unsere deutsche Sprache ebensowenig klar den Unterschied aufrechterhält. Sprachgeschichtlich ist das Wort »Körper« aus dem lateinischen »corpus« entlehnt. Das germanische Wort dafür war »likhamo«, was im neuhochdeutschen »Leichnam« noch erhalten ist. Es zeigt sich also sehr wohl ein Unterschied zwischen einem belebten Leib und einem toten Körper, wobei klar ist, daß auch der Leib unter bestimmten Rücksichten als Körper betrachtet werden kann; dies tut ja auch der Anatom. Aber ich muß mir über die reduzierte Betrachtungsweise im klaren sein, denn es ist ein Unterschied, ob ich den Menschen als jemanden betrachte, der lieben und hassen, sich verstellen und die Wahrheit sagen und vieles mehr noch kann, oder als einen Leichnam. Diese Unterscheidung mag trivial aussehen, sie ist aber wesentlich; von den Somatikern wird sie freilich nicht ernst genommen, ja sogar vielfach geleugnet.

Der Leib, wie er »leibt und lebt«, ist der beseelte Leib. Die Seele ist kein gespenstisches Etwas, sondern drückt die Wesensart eines Lebe-wesens aus. Die Menschenseele ist daher etwas anderes als die Tierseele, und Aristoteles, dem wir die erste umfassende Besinnung auf die Seele verdanken, spricht deshalb auch von einer Pflanzenseele.

Den beseelten Leib des Menschen, also den Menschen als lebenden Organismus und nicht als Leichnam, nimmt jene Forschungsrichtung ernst, die man mit einem Sammelnamen als Psychosomatik bezeichnet[54]. Für die Psychosomatiker ist es bereits wissenschaftlich (und nicht nur vorwissenschaftlich-privat, wie für den Somatiker) erheblich, daß der Patient jemand ist, der nicht nur passives Objekt der Forschung darstellt, sondern ein Lebewesen, das re-agiert, indem es Konflikte austrägt oder an ihnen scheitert. Daher spielen in der psychosomatischen Medizin gerade auch Fragen eine Rolle, welche auf das gesellschaftliche Umfeld des Patienten abzielen. Die Tragweite und Bedeutung dieser Art von Forschung zeigt sich heute gerade daran, daß der wachsende technische Fortschritt und seine Perfektion umgekehrt zu einer fortschreitenden Belastung für das menschliche Zusammenleben führen.

Eine streng somatische Betrachtungsweise mag hinsichtlich der Exaktheit ihrer Aussagen der psychosomatischen Forschung zwar überlegen sein, diese Überlegenheit erkauft sie aber um den Preis, daß sie den Menschen auf ein meßbares Objekt reduziert. Es war und ist daher ein Grundirrtum aller Psychologie, einen Fortschritt in der Übernahme naturwissenschaftlicher Methoden auf ihr eigenes Gebiet zu erblicken. Es soll damit nicht bestritten werden, was unbestreitbar ist, daß zum Zweck bestimmter Untersuchungen vom Lebewesen Mensch zuweilen abstrahiert werden muß, doch ist eine solche Abstraktion nur zu leicht vom Vergessen ihrer methodischen Beschränkung geleitet.

Von einem beseelten Leib zu sprechen, heißt also nicht, den Leib mit noch einem besonderen Vermögen auszustatten, sondern meint den lebendigen Leib. Indem ihm Leben zugesprochen wird, heißt das für ihn: Begehren, Erleiden, Empfindungen aller Art haben. Ein solches »Leiben« hat der Mensch mit allen Lebewesen gemeinsam, vor allem mit den höher organisierten Tieren, und insofern kann man sagen, daß auch das Tier Schmerz erleidet. Auch wenn wir niemals genauere Aussagen über die Art des Schmerzempfindens der Tiere werden machen können, so ist doch das Faktum sicher, *daß* sie leiden. Wenn man allerdings nur von der punktuellen Schmerzempfindung, rein somatisch, ausgeht, dann muß die Frage unentschieden bleiben. Man kann zwar durch Messungen manches feststellen, um aber die Messungen zu interpretieren, muß man schon weiterblicken. Denn jeder Schmerz ist, unbeschadet seiner somatischen Grundlagen, psychischer Art.

So führt die Veränderung des naturgemäßen Lebensraumes etwa zum Zweck der Massentierhaltung dazu, daß Tiere ihr Verhalten wesentlich verändern, daß sie Unruhe und Angst zeigen, Aggression und sogar »Streß«. Wenn also ein Philosoph wie Aristoteles von der »Seele« der Tiere sprach, so gebrauchte er dabei weder in naiver und ungenauer Weise einen vom Menschen entliehenen Ausdruck, noch wollte er irgendwelche Anleihen bei animistischen Vorstellungen machen. Sondern er hatte einfach einen offenen Blick für das gesamte Erscheinungsbild eines Lebewesens. Ein moderner Forscher wie Rudolf Bilz spricht ja auch von Formen emotionalen Leidens bei Tieren, von Trennungsschmerz, Heimweh, Trauer und vor allem von der Qual, die aus dem »Urphänomen« der Situation der Ausweglosigkeit stammt[55].

Würde man das Leiblichsein der anderen Lebewesen ernster respektieren, so müßte man darüber nachdenklich werden, wie unglaublich überheblich der abendländische Mensch gegenüber dem Tier geworden ist. Ich denke hier nicht nur an die Experimente der pharmazeutischen Industrie, deren Berechtigung für bestimmte Zwecke ja nicht bestritten werden soll. Manche ihrer Versuchsreihen sind freilich durch nichts mehr gerechtfertigt, etwa die Opferung zahlloser Versuchstiere zur Erprobung neuer Kosmetika. Man kann auch voll Trauer und Zorn darüber nachdenken, daß heute ganze Tierarten zum Zweck modischer Bekleidung gedankenlos ausgerottet und andere zum gleichen Zweck für ein sehr kurzes Leben gezüchtet und dan brutal umgebracht werden – ich denke hier an die Krokodil-»Farmen« für Handtaschen und Schuhe.

Der Gedanke der Solidarität alles Lebendigen darf beim Menschen nicht haltmachen. Daß *alles* Leben auf Erlösung vom Schmerz wartet, ist eine Vorstellung, über die in den östlichen Religionen gründlicher als im Westen nachgedacht wurde, wenn sie auch diesem nicht unvertraut ist. Das Christentum hat ihr, mit seinem Gedanken von der Verantwortlichkeit jedes einzelnen Menschen, eine ganz bestimmte Wendung gegeben: Wir sind dazu da, um unseren Teil zum allgemeinen Werk der Erlösung aller Kreatur beizutragen. Gemeint ist dabei die bekannte Stelle aus dem Römerbrief des Apostels Paulus:

> »Ich schätze, daß die Leiden der gegenwärtigen Zeit in keinem Verhältnis stehen zu der künftigen Herrlichkeit, die sich an uns offenbaren wird. Denn die ungeduldige Sehnsucht der Schöpfung harrt auf das Offenbarwerden der Söhne Gottes.«
> Und weiter: »Wir wissen ja, daß die gesamte Schöpfung bis zur Stunde seufzt und in Wehen liegt.«[56]

Als Kinder Gottes aktiv an der Erlösung mitzuwirken ist eine Grundhaltung, die der weithin üblichen, wonach die Natur nur das »Material« zum Nutzen des Menschen darstellt, diametral entgegengesetzt ist. Es ist der Gedanke der Ehrfurcht vor dem Leben, dem in unseren Tagen vor allem Albert Schweitzer in Wort und Tat weithin Gehör verschafft hat. Auch er bestreitet nicht, daß es zuzeiten nötig sein könnte, der Kreatur Gewalt anzutun. Aber man müsse sich dessen bewußt sein:

> »Gerade dadurch, daß das Tier als Versuchstier in seinem Schmerze so Wertvolles für den leidenden Menschen erworben hat, ist ein neues, einzigartiges Solidaritätsverhältnis zwischen ihm und uns geschaffen worden. Ein Zwang, aller Kreatur alles irgend mögliche Gute anzutun, ergibt sich daraus für jeden von uns. Indem ich einem Insekt aus seiner Not helfe, tue ich nichts anderes, als daß ich versuche, etwas von der immer neuen Schuld der Menschen an die Kreatur abzutragen. Wo irgendwie das Tier zum Dienst des Menschen gezwungen wird, muß jeder von uns mit den Leiden beschäftigt sein, die es um dessentwillen zu tragen hat.«[57]

c) Der Zusammenhang von Frage und Antwort

Ich möchte nochmals auf die seit dem ersten Kapitel genannte Unterscheidung von somatisch, psychisch und pneumatisch (bzw. spirituell oder personal) zurückkommen. Es muß dabei klargestellt werden, daß es nicht darum gehen kann, aus einer »höheren« Position heraus die Fachmedizin zu kritisieren. Allerdings geht es um Kritik. Kritik bedeutet nämlich »Unterscheidung«[58]. Gegenstand der Unterscheidung sind die einzelnen Fragestellungen. Die Art des Fragens entscheidet nämlich schon im voraus über die Art der Antwort. Eine bestimmte wissenschaftliche Fragestellung ist unterwegs zu einer bestimmten wissenschaftlichen Antwort, eine persönliche Frage verlangt nach einer persönlichen Antwort. Die Frage des Somatikers ist nach Art und Absicht anders als die des Psychosomatikers. Aber alles wissenschaftliche Fragen ist eingebettet in ein gegenseitiges personales Frage-und-Antwort-Sein, das die Wissenschaften zwar weder ersetzen kann noch soll, aber alles wissenschaftliche Tun tragen sollte. Wir sind in unserer leiblichen Existenz mit anderen Lebewesen vergleichbar, die »leibhaft« existieren. Es wäre töricht, die Verwandtschaft mit höheren Säugetieren bis in Grundformen des Verhaltens hinein leugnen zu wollen. Darwin sollte keine Anfechtung mehr sein. Aber es ist umgekehrt nicht minder kurzsichtig, den Menschen aus seiner nicht-menschlichen Verfassung heraus erklären zu wollen, anstatt zu sehen, daß alles, was ihn mit dem Tier verbindet, von Grund auf anders ist.

Innerhalb einer rein somatischen Betrachtungsweise erscheint der Schmerz als materielles Vorkommnis. *Daß* er als solches erscheinen kann, setzt voraus, daß wir das schmerzende Organ bereits isoliert betrachten – was aber nichts daran ändert, daß der *ganze* Patient mit seinem Problem zurechtkommen muß. Sowie auf das Ganze des Funktionszusammenhanges geachtet wird, erscheint der Schmerz nicht mehr bloß als materielles Datum, sondern als Konflikt. Gerade die neuere psychosomatische Medizin hat den Schmerz als Ausdruck der Krankheit und diese selbst im Rahmen eines Gesamtgeschehens gedeutet, bei dem die Auseinandersetzung des Patienten mit seiner Umwelt eine wesentliche Rolle spielt. Erst innerhalb einer solchen Fragestellung konnte das Verhältnis des Arztes zum Kranken wieder ein Problem werden, auf das man Antworten zu geben versuchte. In diesem Zusammenhang wurde zum Beispiel das Problem der freien Arztwahl in einer neuen und gediegenen Weise durchdacht, denn wenn der Patient und der Arzt als freie Menschen einander begegnen sollen, ist es nicht gleichgültig, ob sich der Kranke einer anonymen Institution gegenübersieht oder einer Person anvertrauen kann, die er – bei aller vorherigen Festlegung, die seine Freiheit ja immer auch beschränkt – zumindest grundsätzlich nicht »zugewiesen« bekommt, sondern selbst wählen kann.

Darüber hinaus sind aber die Psychosomatiker auf das Problem gestoßen, daß es zwar in der Medizin eine unübersehbare Literatur über die verschiedensten Krankheiten gibt, daß aber der Kranke als solcher kein eigenes Thema darstellt. Viktor von Weizsäcker, einer der Protagonisten der neuen psychosomatischen Betrachtungsweise, hat sehr eindrucksvoll darauf hingewiesen, daß all das, was am Menschen objektiviert werden kann, nur über ihn als ein Gattungswesen aussagt, nicht aber über ihn in seiner Einzigartigkeit, die ja gerade auch im Schmerz und in der Krankheit zum Ausdruck kommt. Das Person-Sein steht bei all den medizinischen Bemühungen im Hintergrund, oder, wie es von Weizsäcker treffend formuliert hat:

»Krank ist hier etwas, was man erkennen kann, nicht das, was man auch selbst *sein* kann.«[59]

Der entscheidende Unterschied zwischen der naturwissenschaftlichen Art, an die Dinge heranzugehen, und der hier ganz im ungefähren als psychosomatisch bezeichneten Vorgangsweise liegt nicht in der mehr oder weniger großen Exaktheit, sondern in der jeweils anderen Fragestellung: Im einen Fall ist der Mensch als Objekt unter Objekten, im anderen als personales Ereignis gefragt. Wo es um die Krankheit für sich genommen geht, dort muß objektiviert werden, dort begegnet der Schmerz auf der Ebene des Kampfes. Aber es sind nicht Psychopharmaka, welche kämpfen, sondern der ganze Mensch ist es. Der Schmerz wird von einer Person getragen, die auf ihre Weise – und diese kann vom Arzt wohl beeinflußt, niemals aber abgenommen werden – aktiv, nicht bloß als Dulder im Spiel ist. Auf dieser Ebene des Krank*seins* muß anders gefragt werden und sind andere Antworten möglich als auf der Ebene der Chemie und der Physik. Das Wesen des Krankseins, sagt von Weizsäcker, kann nicht in einer Physik, auch nicht in einer Physik der Seele, gefunden werden – und es liegt doch näher, als sich alle Wissenschaft träumen läßt:

»Es liegt so *nah,* daß die mikroskopisch oder makroskopisch zu ferne Optik es übersehen läßt, daß die objektive Optik das Auge anstrengt, wo es auf das Gehör ankommt: *es tönt in der Bitte um Hilfe.*«[60]

Bei diesen sehr einprägsamen Formulierungen darf nicht vergessen werden, daß sie von einem Arzt stammen, dem es darum ging, Dingen nachzudenken, die wegen ihrer allzu großen Nähe zum alltäglichen Menschsein von der Schulmedizin als allzu selbstverständlich angesehen wurden. Was aber als etwas Selbstverständliches angesehen wird, bei dem besteht die Gefahr, daß es verwahrlost und in der Folge in seiner Bedeutung sodann völlig verkannt wird. Wir meinen, weil Dinge des menschlichen Zusammenlebens ohnedies von selbst gegeben sind, müßte man über sie auch nicht mehr eigens nachdenken. Vermutlich hat diese Einstellung mit dazu geführt, daß die Naturwissenschaften im Bereich der Medizin eine solcherart ausschließliche, andere Fragestellungen ausschließende Rolle einnehmen konnten.

Es soll nicht unerwähnt bleiben, daß die ärztliche Praxis, im besonderen die Tätigkeit des sogenannten Hausarztes, nicht auf die *eine* Ebene des Objektivierens festgelegt ist. Der praktische Arzt erweist sich vielfach als eine Art von Psychotherapeut, wobei der oft über die Generationen hinweg dauernde Kontakt eine Vertrauensstellung gibt, die erst wahrhaft etwas gedeihen läßt, das durch Institutionen niemals hergestellt werden kann, nämlich Autorität: der »auctor« ist jemand, der etwas gedeihen (augere) läßt.

Weil der Patient vom Arzt immer auch eine personale Antwort erwartet, deshalb ist ärztliches Tun nicht durch einen anonymen »Betrieb« ersetzbar – auch wenn dieser eine größere »Effizienz« gewährleisten sollte. Der schon genannte Viktor-Emil von Gebsattel, den man einer »personalen« Psychosomatik zurechnen könnte, hat in bezug auf das Verhältnis des Arztes zum Kranken drei Sinnstufen unterschieden:

> »1. die elementar-sympathetische Sinnstufe des Angerufenseins durch die Not eines Begegnenden. Das ist die *Unmittelbarkeitsstufe* des Verhältnisses;
> 2. die Sinnstufe des eigentlich ärztlichen Überlegens, Planens, Handelns: die diagnostische-therapeutische Sinnstufe. Das ist die *Entfremdungsstufe* des Verhältnisses;
> 3. eine die vorhergehenden Weisen der Begegnung umfassende Sinnstufe, die Stufe der Partnerschaft von Arzt und Krankem: das ist die *personale Stufe* des Verhältnisses.«[61]

Von Gebsattel ordnet den einzelnen Stufen auch bestimmte Weisen menschlichen Zusammenseins zu: Im ersten Fall ist der Arzt Mitmensch, im zweiten technischer Vollstrecker, im dritten personaler Partner des Kranken. Auf die Einheit aller drei Weisen des Verhältnisses kommt es an, damit »Meisterschaft« entsteht. Und entsprechend zu den einzelnen Stufen bestehen mögliche Fehlformen:

> »Auf jeder dieser Stufen ist das Verhalten des Arztes einer besonderen Gefahr ausgesetzt: auf der Sinnstufe der unmittelbaren Teilhaberschaft der *Täuschung*, auf der Stufe der technischen Notbekämpfung dem *Irrtum* und auf der der Partnerschaft der *Schuld*.«[62]

Die Schwierigkeit für den Arzt ist die Schwierigkeit jeder Meisterschaft. Er muß in *einer* Person dem mehrfachen Verhältnis gerecht werden. Wer nur auf das Vertrauensverhältnis bauen wollte, wäre bald in seinem Scheitern offenbar. Weniger offenbar, aber nicht weniger wirklich, ist aber das ärztliche Scheitern auch in jenem Bereich, den von Gebsattel bezeichnenderweise die Entfremdungsstufe des Verhältnisses nennt. Es ist jedoch unrichtig, im ärztlichen »Kunstfehler« die einzig mögliche Fehlform zu erblicken. Als ein Miteinandersein von Menschen ist auch das Verhältnis des Arztes zu seinem Patienten von Schuld bedroht. Was in diesem Bereich das Verfehlen ausmacht, sind nicht mangelhafte Berufskenntnisse, sondern Hochmut und Trägheit des Herzens. –

Für den Somatiker ist also der Schmerz ein objektives Datum, dessen »Träger« nur außerwissenschaftlich von Belang ist. Auf diesen »Träger«, auf das Lebe-wesen, achtet dagegen der Psychosomatiker. Für ihn ist der Schmerz ein Konflikt, und er versucht über die somatische Behandlung hinaus, den vom Konflikt Betroffenen zur aktiven Mitarbeit einer gemeinsamen Lösung zu gewinnen. In dieser Aktivität liegt ja schon ein wesentliches Stück des Personseins. Dieses erschöpft sich aber nicht im mechanischen Mittun, sondern bringt etwas spezifisch Menschliches ein, die Freiheit. Wir kommen damit in die Dimension, die ich, analog zu den bisherigen Bezeichnungen, die des Pneumatischen nennen möchte. Was das Eigentümliche hier ausmacht, ist dies, daß es nicht um die Frage nach Lösungsmöglichkeiten bezüglich des Schmerzes geht (diese Frage ist hier mit einbezogen und bejaht, aber nicht ausdrücklich Thema), sondern um seinen Sinn. Dies hängt zuinnerst mit der Freiheit zusammen. Denn Freiheit ist auch dort noch im Spiel, wo äußerlich Unfreiheit herrscht, Sinn kann auch dort noch behauptet werden, wo jeglicher Sinn entschwunden zu sein scheint.

Sinn erschöpft sich nicht in Zwecken, die vom Nutzen her bestimmt sind. Sinn ist seinem Wesen nach Geschenk aus Freiheit. Und deshalb kann er auch als Hoffnung gegen alle Hoffnung erscheinen. In einem Lied, das im Konzentrationslager Buchenwald geschrieben wurde, heißt eine Zeile: »Wir wollen trotzdem ja zum Leben sagen.«[63]

Wo Freiheit möglich ist, besteht auch die Möglichkeit ihres Mißbrauchs. Zur pneumatischen Dimension des Schmerzes gehört daher das Geheimnis der Schuld. Schmerz ist nicht nur ein Naturereignis, sondern ein Ausdruck der Unfreiheit. Hier sich verweigern als jemand, der helfen *kann*, ist unser tägliches banales Schuldigwerden. Weshalb aber der Mensch ohne jeden Sinn als einziges Lebewesen dem großen Leiden der Schöpfung neuen Schmerz hinzufügen kann, bleibt ohne Grund; es ist die abgründigste Möglichkeit des Lebens. Die Theologen sprechen in diesem Zusammenhang vom mysterium iniquitatis, dem Geheimnis des Bösen.

II. TEIL

EIN WEG ZUR ERFAHRUNG DES SCHMERZES

1. SPRACHE UND ERFAHRUNG

a) Die Welt des Menschen und die Sprache

Eine Erfahrung mit dem Schmerz machen heißt, ihn nicht nur als den Feind aufsuchen, der er wohl auch ist, sondern sich mit ihm auseinanderzusetzen, sich also nicht vor dem Feind betäuben, sondern ihn als einen zwar schlimmen, aber doch unvermeidlichen Bestandteil des Lebens zu verstehen. Dabei geht es im besonderen darum, die Kommunikation mit anderen in der Situation des Schmerzes nicht abreißen zu lassen. Während die Liebe gleichsam an der ganzen Welt durch die Person des geliebten Menschen teilhaben läßt, vereinzelt der Schmerz. Seine Größe und zugleich seine Gefahr liegen in diesem Rückzug auf sich selbst. Die Bedeutung der Vereinzelung kann nur dadurch erhalten bleiben, daß der Rhythmus von Sichverschließen und Sichöffnen nicht einen einseitigen Akzent erhält oder gar abreißt. So wie das Einatmen und das Ausatmen einander ergänzen müssen, so ist es nötig, eine Zeit zur Sammlung zu haben und eine Zeit, in der man weitergibt, was man gesammelt hat.

Nun schafft aber gerade die Situation des Schmerzes die besondere Schwierigkeit, sich den anderen mitzuteilen. Die Verschlossenheit, die häufig eine Folge des Schmerzes ist, kann den Eindruck von Feindseligkeit erwecken, die sie keineswegs sein muß. In einer Lage, in der man die anderen also in einer besonderen Weise braucht – und dies einem selbst zumeist gar nicht bewußt ist –, stellt man sich also so spröde, daß diese wenig Lust bekommen, den Helfer zu spielen. Der »Patient« wird also durch die Umwelt in seiner Einsamkeit noch verstärkt, wodurch das beiderseitige Verstehen noch schwieriger wird. Die Feindseligkeit vieler alter Menschen in der Großstadt gegenüber ihrer Umwelt ist so das Produkt jenes wechselweisen Mißverstehens, das sich im Laufe der Zeit zunehmend verstärkt und die Situation bis zu einem Grad verhärtet, daß Helfenwollen und Sichhelfenlassen nicht mehr möglich erscheinen. Abstrakte sozialstaatliche Maßnahmen, so wichtig sie sind, dringen niemals in den Bereich solcher Vereinsamung ein; sie können zudem in einer Gemeinschaft, die sich auf sie als ohnedies vorhandene Hilfe beruft, zu einem gefährlichen Alibi werden – gefährlich, weil letzten Endes den inneren Bestand sozialer Gebilde gefährdend.

Materielle Hilfe tut not, darüber darf kein Zweifel aufkommen. Aber zwischen einem Almosen, einer staatlichen Zuwendung und einem Geschenk liegen Welten. Schenken setzt aber voraus, daß zwischen Schenkendem und Beschenktem ein Verhältnis des Vertrauens besteht. Ein solches Verhältnis herzustellen, verweist jedoch wesentlich auf den Bereich sprachlicher Möglichkeiten.

Eine Besinnung auf die Möglichkeit einer Erfahrung des Schmerzes kann daher das Thema der Sprache nicht ausklammern. Es erhebt sich allerdings die Frage, ob wir auch immer mit der nötigen Sorgfalt zwischen Denken und Sprechen unterscheiden. Was dabei im übrigen wie eine abstrakte sprachphilosophische Überlegung aussehen mag, ist in bezug auf die Praxis ziemlich wichtig. Es wird sich zeigen, daß der dabei bemerkbare Mangel an Unterscheidungsvermögen sogar in bezug auf die Therapie einiges zu sagen hat.

Ich behaupte zunächst, daß Sprache nicht bloß eine andere Gestalt des Denkens ist, jedenfalls wenn eine solche, dann doch mit einigen wesentlichen Unterschieden ausgestattet. Auf drei Momente kann dabei hingewiesen werden, ohne Vollständigkeit anzustreben. Erstens hat Sprache mehrere Dimensionen, während Denken »eindimensional« ist. Zweitens ist Sprache dialogisch, Denken dagegen monologisch. Und drittens gehört zur Sprache die persönliche Aura, während Denken unpersönlich-allgemein ist.

Das erste Moment scheint dabei einer ganz äußerlichen Beobachtung zu entspringen, wobei natürlich nicht vergessen werden darf, daß es sich bei der Sprache um ein einheitliches Phänomen handelt, so daß die drei Momente untereinander eng zusammenhängen. In der Mehrdimensionalität der Sprache liegt also auch ihr Kommunikationscharakter, und dazu gehört, daß sie »persönlich« ist. Der große frühverstorbene französische Philosoph Maurice Merleau-Ponty hat diesen Zusammenhang treffend so formuliert:

> »Ein Denken, das sich darin genügen wollte, unbeirrt von den Verlegenheiten der Sprache und der Kommunikation für sich zu existieren, verschwände im Augenblick selbst seines Auftretens auch sogleich schon im Unbewußten – m. a. W., es existierte auch nicht einmal für sich selber.«[64]

Merleau-Ponty bringt hier überdies noch eine weitere

These ins Spiel, die aber hier nicht mehr diskutiert werden soll, daß nämlich Denken nicht das Erste, sondern das Zweite ist, daß Denken, für sich genommen, nur unter Absehen von der Sprache betrachtet werden kann.

Im eben angeführten Zitat wird aber vor allem auch von den »Verlegenheiten« der Sprache gesprochen, d.h. davon, daß zur gesprochenen Sprache vieles gehört, das an und für sich als ihr hinderlich erscheinen könnte, ohne welche Dinge aber eine lebendige Sprache – d.h. eine von einzelnen gesprochene Sprache – gar nicht denkbar ist: Gesten, Mimik, Tonfall, Betonung, Sprechtempo und dergleichen gehören dazu. Jeder kennt die Langeweile, die sich einstellt, wenn jemand »monoton« etwas vorliest (griech. monos tonos = ein einziger Klang, *ein* Ton der Stimme). Er spricht sozusagen zu niemandem, wie umgekehrt ein guter Redner das Geschick hat, so zu tun, als spräche er jeden persönlich an.

Das ist aber nicht nur eine Angelegenheit der Rhetorik (oder besser: man unterschätzt die Rhetorik gern in ihrer wahren Bedeutung). Jemanden »ansprechen«, »ansprechend« etwas erzählen, das bedeutet doch auch, im Gegenüber bestimmte Empfindungen wachzurufen, ihn »mitgehen« zu lassen, in eine gemeinsame Welt einzutreten. Jemanden überreden heißt, in ihm das entsprechende Vertrauen hervorzurufen, das ihn zur gewünschten Handlung bewegt – und das ist etwas anderes, als jemandem z.B. etwas befehlen. Sprache ist ursprünglich Gespräch. Dieser dialogische Charakter der Sprache kommt nicht erst nachträglich hinzu, wenn sich mehrere Personen zusammenfinden, sondern Sprache vollzieht sich als ein Wechselspiel von Frage und Antwort. Der Fragende ist wesentlich dadurch bestimmt, daß er auf den anderen hinhört. Fragen müssen sich nicht ausdrücklich in Fragesätzen vollziehen, das muß vor allem hier beachtet werden. Jemand kann mit seinem Schmerz eine stumme Frage ausdrücken, ein anderer durch sein bloßes Dasein oder ein wortloses Tun darauf antworten. Auch das Schweigen ist ein Antworten. Schweigen ist nicht bloßes Stummsein – man kennt das beredte Schweigen, in dem ein Vorwurf viel lebendiger konkrete Gegenwart annehmen kann, als dies bei langen Antworten möglich wäre. Schweigen kann die feindseligste Ablehnung ausdrücken, aber auch die entschiedenste Zustimmung. Sprechen, Hören und Schweigen bilden so in der dialogischen Situation des Gesprächs eine Einheit.

Für den religiösen Menschen schließlich – und es fragt sich, inwiefern nicht jeder Mensch in seinem Ursprung religiös ist – ist die Sprache, das Wort, Ant-wort auf das Wort Gottes, das ihm immer schon zuvorgekommen ist. Demgegenüber betrifft das Denken als ein monologisches Sprechen nicht mehr die Wirklichkeit in ihrer Gänze.

Daß alle Sprache ursprünglich Dialog ist – Zwiesprache mit dem Menschen, Zwiesprache mit Gott –, wurde in unserem Jahrhundert von einer Reihe bedeutender Denker neu zur Geltung gebracht. Einer von ihnen, der Österreicher Ferdinand Ebner, bringt gelegentlich eine Formulierung, die als ein Grundaxiom der diesbezüglichen Überlegungen angesehen werden kann:

> »Ohne die Relation des Ichs zum Du ... gäbe es nicht nur kein Ich, sondern auch keine Sprache.«[65]

Demgegenüber ist das Denken eine Abstraktion, etwas Zweites, auch wenn das Zweite häufig für das Erste angesehen wird. Martin Buber, ein anderer Bedenker des Wortes, sagt dazu:

> »Machen wir Ernst mit dem Denken zwischen Ich und Du, dann ist es nicht genug, auf das gedachte andre Denksubjekt hin zu denken: man müßte, auch mit dem Denken, eben mit dem Denken, auf den andern nicht gedachten, sondern leibhaft vorhandnen Menschen hin leben, auf seine Konkretheit hin. Nicht auf einen andern Denker hin, von dem man nichts wissen will, außer seinem Denken, sondern, auch wenn der andre ein Denker ist, auf sein leibhaftes Nichtdenken hin; vielmehr auf seine Person hin, zu der ja immerhin auch die Tätigkeit des Denkens gehört.«[66]

Dies schließt als ein weiteres Moment der Sprache mit ein, daß in ihr das Innerste einer Person offenbar werden kann.

Weil die Sprache mehrere Dimensionen hat, weil sie in einer Gesprächssituation wurzelt, deshalb gehört zu ihr eine Artikulationsfähigkeit, die aber letzten Endes nicht aus einer erlernbaren Fertigkeit stammt (also auch nur bedingt dem sogenannten Bildungsniveau entspricht), sondern aus persönlichem Vertrauen entspringt. Es geschieht oft genug, daß ein und dieselbe Sache, ohne daß sie komplizierter würde, vor anderem Publikum viel schwerer auszudrücken ist. Eine gute Wendung der Umgangssprache sagt, man »rede sich« viel schwerer. So gesehen, ist Sprache immer auch Selbstmitteilung, Übergabe eines Teiles seiner selbst. Je persönlicher die Dinge sind, worüber geredet wird, um so schwieriger ist die Artikulation, je allgemeiner und abstrakter, um so einfacher (natürlich was das Problem der persönlichen Entäußerung betrifft, nicht die Fähigkeit zur intellektuellen Verarbeitung).

Eine gemeinsame Welt haben, heißt miteinander vertraut sein. Daß eine solche Welt gerade in der Sprache erschlossen ist, sagt etwa auch Merleau-Ponty:

> »Um eine Sprache sich vollständig anzueignen, müßte man die Welt übernehmen, die in ihr Ausdruck findet; doch nie vermögen wir zweierlei Welten zugleich anzugehören.«[67]

Und er zitiert den berühmten T. E. Lawrence, der versucht hatte, seinen europäischen Habitus völlig abzulegen und ganz Araber zu werden, und der dann zwischen zwei Welten stand. Lawrence spricht von einem äußersten Zustand der Anspannung, weil sich hier der Geist gleichsam von seinem Körper entfernt hatte.

> »Manchmal entspann sich selbst zwischen diesen beiden ein Gespräch im Leeren: dann war der Wahnsinn nahe. Ihm ist, glaube ich, jeder Mensch nahe, der die Welt zugleich durch die Schleier von zweierlei Sitten, zweierlei Bildungen, zweierlei Umwelten sehen will.«[68]

Eine Art solchen Wahnsinns ist immer auch der Schmerz. Wenn jemand sagt, er sei fast wahnsinnig vor Schmerzen geworden, dann deutet er diese Möglichkeit an, daß sich nämlich mit dem Schmerz eine Sinn-Verschiebung eingestellt hat, eine Sinnentleerung (»Wahn« hängt sprachlich mit »vanus« = ›leer, nichtig‹ zusammen). Wir werden später noch der Problematik nachzugehen haben, daß der Schmerz, indem er die Situation einer Sinnleere schafft, zu einer Neuformulierung der Sinnantwort auffordert.

Die gemeinsame Suche nach Sinn ist *eine* Form der Therapie bereits, auch wenn sie gar nicht ausdrücklich vollzogen wird. Aber jede Behandlung, jede ärztliche Therapie in des Wortes engerer Bedeutung zielt auf die Wiederherstellung einer heilen Ordnung hin (»heilen« ist der unmittelbare Ausdruck für ein leibliches oder seelisches Gesundwerden) und stellt solcherart wiederum Sinn her. Sie vollzieht sich mit Hilfe der Sprache. Aber darüber hinaus ist Sprache selbst Therapie, nämlich als Gespräch, Zuspruch, Trost. Ich meine hier nicht den *Inhalt* solcher Gespräche, sondern das Faktum, *daß* ein Gespräch gelingt – denn das bedeutet nach all dem Gesagten ja nichts Geringeres als das Glücken der Mitmenschlichkeit.

b) Kommunikation

Daß mit dem Schmerz Fremdes, Feindliches einbricht, zeigt sich schon an den sogenannten Interjektionen, Ausrufen wie weh, ach, au, oh: Die Intensität des Gefühls läßt nicht einmal mehr eine breitere Artikulation zu, zieht sich auf ein paar Vokale und bestimmte Konsonanten zusammen. In dieser Intensität und Leidenschaft konzentriert sich die Welt gleichsam auf einen einzigen Punkt.

Eine in diesem Zusammenhang aufregende Feststellung machte Ebner, der im Wortklang dieser leidenschaftlichen Erregtheit das Urwort des »Ich bin« entdeckt hat:

> »Vielleicht sogar ist es in seinem ›akustischen Material‹ noch wahrnehmbar, daß das Wort Ich (*ego*) im Wehschrei wurzelt. Klingt nicht in seiner Sanskritform *aham* – diesem vollen Brustton im Geleit eines Kehlhauchs, wie sie Jakob Grimm beschreibt – etwas

von einer Schmerzensinterjektion nach? Diese hat an und für sich vokalischen oder halbvokalischen Charakter (ah, au, *ai, oi, vae*).«[69]

Der »Wehschrei« kommt aus der Einsamkeit dessen, der sich anschickt, den Schritt von einer verlorenen in eine neue Welt zu tun. Er befindet sich solcherart in einer gefährlichen Zwischenzone. Der Aufschrei des Ich will gehört werden, auch wenn er sich an niemanden richtet. Wird er aber aufgenommen und erhört, dann liegt hier die Wurzel eines volleren und reiferen Lebens. Weil der Schmerzschrei an alle und keinen ergeht, deshalb ist die Antwort immer auch unerwartet und das heißt, deshalb richtet sich jener nicht schon vorneweg auf eine bestimmte Antwort ein. Die Antwort kommt nicht aus dem Wünschen des Ich, sondern aus dem Du. Der Antwortende kann erhöhte Bedeutung erlangen, wenn sich in ihm möglicherweise zum ersten Mal für den, der da ruft, ein Du zeigt. In diesem Sinn darf vermutlich von der läuternden Kraft des Schmerzes gesprochen werden. Man soll und darf nicht auf die Produktivität des Schmerzes »setzen«, als sei in ihm allein schon das Heil gelegen – und es ist Kolakowski zuzustimmen, wenn er den »Kult des Leidens« scharf zurückweist, in dessen Namen Unrecht und Unterdrückung gutgeheißen wurden.[70]

Damit ein Wachstum unter Schmerzen möglich ist, braucht es die Hilfe der anderen. Wer auf die persönlichkeitsbildende Kraft des Schmerzes setzt, ohne selbst in den Dienst tätiger Hilfe getreten zu sein, der frevelt. Wer die Ohnmacht angesichts wirklichen Schmerzes erfahren mußte, ist dankbar, daß ihm die Grenzen seiner eigenen Macht und Ohnmacht verborgen bleiben.

Hilfe der anderen tut not. Häufig genug meint man, diese Hilfe sei leicht, wenn man nur die entsprechenden Mittel habe – und tröstet sich damit, diese Mittel nicht zu besitzen. In Wahrheit ist es umgekehrt. Die Hilfe kann äußerst schwierig werden – doch im Gebrauch *eines* Mittels sind wir alle, insofern wir an einer gemeinsamen Sprache teilnehmen. Daß wir deren Möglichkeiten zumeist nicht richtig einschätzen, zeigt nur, wie sehr sie im Alltag verborgen sind.

Hier stehen einander verschiedene Gruppen – man möchte fast sagen: Arten von Menschen – gegenüber. Einmal der vom Schmerz Betroffene. Sein Wesen ist verändert, ist krank – Dinge, die dem Gesunden bedeutungslos erscheinen, erlangen hier große Wichtigkeit, anderes wird im Gegenteil belanglos. Der chronische Patient, sich selbst überlassen, bildet mit »seiner« Krankheit eine Gemeinschaft, bildet eigene Interessen aus, die auch ihren sprachlichen Niederschlag finden. Er lebt, um einen Ausdruck Ludwig Wittgensteins zu gebrauchen, in einem eigenen »Sprachspiel«.

Sprachspiele sind mannigfaltiger Art. Wer eine Geschichte erfindet und sie vorliest, bewegt sich in einem anderen Sprachspiel als jemand, der einen Befehl erteilt – das heißt, er geht nach anderen Regeln vor. Wer Theater spielt, vollzieht einSprachspiel eigener Art, unterschieden etwa vom Sprachspiel der Beschreibung wissenschaftlicher Art u. dgl.[71] Verallgemeinernd sagt Wittgenstein:

> »Das Wort ›Sprach*spiel*‹ soll hier hervorheben, daß das Sprechen der Sprache ein Teil ist einer Tätigkeit, oder einer Lebensform.«[72]

Sprache ist Lebensform – das ist die Erkenntnis, die

hier zählt. Denn es zeigt sich auf diese Weise vielleicht überraschend ein ganz banales Problem. Einerseits geht es um einen Prozeß der Therapie, des Heilens im weitesten Sinne, bei dem gegenseitige Sich-Verständigung und gegenseitiges Vertrauen unabdingbar vonnöten sind. Aber diese Gemeinsamkeit besteht – von der ohnehin vorhandenen Belastung durch die Krankheit einmal abgesehen – gerade im Fall des hospitalisierten Patienten zunächst kaum. Denn offensichtlich sprechen der Therapeut (hier im engeren Sinn, also der Arzt) und der Patient verschiedene Sprachen, bewegen sich ihrer gesellschaftlichen Herkunft, ihrem Bildungsgrad und vor allem dem für die konkrete Situation erforderlichen Wissen nach in verschiedenen »Sprachspielen«. Wittgenstein geht allerdings so weit, den verschiedenen Sprachspielen bloß eine Verwandtschaft zuzubilligen, ohne einen übergreifenden Zusammenhang zuzugestehen. Er spricht geradezu von einer Familienverwandtschaft[73] – und doch setzt gerade hier das Problem an. Familie kommt von »familiaris«, vertraut, und wie wir sahen, schafft gerade der Schmerz eine Situation der Nicht-Vertrautheit. Was hier theoretisch durchaus trivial sein mag, daß nämlich in der Situation der medizinischen Versorgung verschiedene »nicht verwandte« Sprachspiele nebeneinander existieren, stellt praktisch vor ziemlich schwierige Probleme. Nicht die Verschiedenheit der Sprachspiele soll bezweifelt werden – das würde ja daraufhin hinauslaufen, den Unterschied von Arzt und Patient überhaupt aufheben zu wollen. Sondern die Art der Beziehung innerhalb der Sprachspiele ist es, an der etwas geändert werden müßte. Es müßte in der Praxis deutlicher herauskommen, daß Arzt und Patient auf dem Boden gemeinsamer Kommunikation stehen. Schematisch stellt sich das Modell uneigentlicher Verbindung so dar: | Arzt | – | Patient |, das zweite Modell, in dem die verschiedenen Sprachspiele von einer gemeinsamen übergreifenden Kommunikation bestimmt sind, so: | Arzt – Patient |. Dabei ist es wichtig, nicht unerwähnt zu lassen, daß diese beiden nicht die einzigen Sprachspiele sind (abgesehen von den Differenzen, die sich innerhalb der einzelnen Gruppen ergeben!), sondern daß ein weiteres besonderes Problem das der Kommunikation von Kranken mit Gesunden darstellt. Bedenkenswert wäre nicht zuletzt eine Verbesserung der Kommunikation von Patient zu Patient, sofern dies das Krankenhaus betrifft.

Ein derartiges mehrfach gestaffeltes Kommunikationsmodell würde das wünschenswerte Bild eines sozialen Krankenhauses darstellen, gilt aber ebenso für den nicht hospitalisierten Kranken und in weiterer Folge auch für den »Patienten« (d.h. »Leidenden«), der nicht ausdrücklich für sich den Status eines Kranken beansprucht (was ja eine Barriere besonderer Art noch darstellen kann). Was dem Ganzen zugrundeläge, ist der Gedanke einer durchgängigen Solidarität. Nicht auf die Weitergabe von Informationen kommt es, wie früher schon angedeutet, in erster Linie an, sondern auf das Gefühl, »im gleichen Boot zu sitzen«, d.h. von seiten des Patienten auf das Gefühl, der Arzt sei engagiert. Damit meine ich nicht nur das fachlich-berufliche Engagement, das zwar unabdingbar ist, aber zu einem Abbau des personalen Engagements führen kann, indem sich der Mitmensch zum »Experten« wandelt. Der Experte ist ein Mensch, der immer in Gefahr steht, sich in der Exklusivität eines besonderen Sprachspiels einzuschließen.

Daß dies sogar für die fachliche Seite schädlich sein kann, ergibt sich daraus, daß es ja auch der Experte nicht bloß mit reagierenden Apparaten zum Zwecke von Experimenten, sondern mit lebenden Menschen mit ihren Wünschen und Hoffnungen zu tun hat. Gelegentlich siegt sogar die Expertenmeinung über die experientia, die Erfahrung der wirklich Betroffenen. Ernst Klee, ein deutscher Journalist, hat einmal darauf hingewiesen, wie schwierig es sei, wenn Experten die Rolle von Betroffenen übernehmen müssen. Er ließ zu diesem Zweck bei einem einschlägigen Kongreß Fachleute mit verbundenen Augen gehen, damit sie ermessen könnten, wie Blinden wirklich zumute ist, bevor über die Situation der Blinden geredet werde.[74]

Mit diesen Bemerkungen soll auf scheinbar Selbstverständliches aufmerksam gemacht werden. Man wird möglicherweise zugeben, daß eine geglückte Kommunikationssituation eine wesentliche Voraussetzung für den Heilungsprozeß darstellt, sieht man allerdings allein auf die architektonische Ausgestaltung moderner Krankenhäuser, darf man füglich bezweifeln, ob eine solche Erkenntnis auch Früchte trägt. Deshalb darf getrost immer wieder darauf hingewiesen werden. Vielleicht sind wir noch so sehr im Wissenschaftsglauben des vorigen Jahrhunderts verwurzelt, um das »Personale« nicht mit wenigstens dem gleichen Ernst wie das Wissenschaftliche zu behandeln.

c) Den Schmerz zur Sprache bringen

Der Titel dieses Abschnittes ist wörtlich zu nehmen: Der Schmerz soll »zur Sprache gebracht« werden, »zu Wort kommen«. Die gemeinsame Sprache, die im Aufeinanderhören beruht, schafft gerade jenen Boden ungeteilten Vertrauens, der im Schmerz verloren zu gehen droht. Dieser Zusammenhang von Sprache und Vertrauen bedingt es freilich auch, daß der Prozeß des Sich-Aussprechens von keinen anderen Schwierigkeiten begleitet ist als jeder andere Weg zu beiderseitigem Vertrauen.

Die Hindernisse sind dabei verschiedener Art, intellektuelle Schwierigkeiten, solche der Persönlichkeitsstruktur und natürlich auch krankheitsspezifische. Dabei spielt die besondere Situation des Betroffenen (der ja nicht immer identisch mit einem ausdrücklich Kranken ist) eine wichtige Rolle.

Gehen wir hier vom Kranken aus und insbesondere vom Patienten im Spital, vom Hospitalisierten. Die intellektuellen Hindernisse sind hier naturgemäß zum Teil unvermeidlich, als es sich ja normalerweise nicht nur um ein Zusammentreffen von Fachleuten und Laien handelt, sondern der Arzt im allgemeinen einer sogenannten höheren Bildungsstufe als sein Patient angehört. Man sollte dies nicht zu gering veranschlagen, denn damit können, beiden Teilen häufig gar nicht deutlich bewußt, Trennungswände entstehen.

Man muß es sich ja vor Augen halten: Der Patient erleidet eine Reihe von tiefgreifenden Veränderungen, welche die für ihn grundlegende Veränderung – den Wechsel in den »Krankenstand« – ja noch wesentlich verstärken können. Es geht eine Ortsveränderung vor sich (zwangsläufig nicht selten ganz ohne Zutun des Betroffenen) und eine Veränderung der mitmenschlichen Umwelt. Schließlich darf der Wechsel von vertrauter Arbeits- oder Lebenswelt in eine Welt, in der nun andere Autoritäten über Wohl und Wehe entscheiden, nicht vergessen werden. Eine gewisse Art von Entmündigung, von Freiheitseinschränkung geschieht hier, die um so schmerzlicher sein kann, als der eigene persönliche Bereich nun einer Öffentlichkeit überantwortet wird. Man darf nicht vergessen, daß gerade jemand, der für lange Zeit im Krankenhaus sein muß, auf viele vertraute Dinge verzichten muß, auf seinen Garten, seine Bücher, seine vertraute Wohnung u. dgl. Dazu kommt eine äußere und teilweise als hart empfundene Zeiteinteilung. Und schließlich – und nicht zuletzt – ist er Objekt von Untersuchungen, ist er in gewisser Hinsicht – und das schmerzt, auch wenn einer weiß, daß es nur *ein* Aspekt ist – ein Gegenstand, keine Person. Aus der Sicht eines mittelbar Betroffenen, eines Angehörigen:

> »Der Kranke ist Gegenstand von Hantierungen und Manipulationen, er ist Objekt ärztlichen Handelns, vielleicht sogar medizinischen Interesses. Aber er steht in der Gefahr, seinen Status als einzigartiger, unveräußerlicher Mensch zu verlieren.«[75]

Wenn man davon ausgeht, daß das Gespräch als solches heilend sein kann, darf man auch diese Umstände, die es erschweren, nicht verschweigen.

Es müßte sich deshalb für den Krankenhausbetrieb die Frage stellen, ob nicht geeignete Maßnahmen nicht nur dem günstigen Zufall überlassen bleiben sollten (schon das ist manchmal unmöglich), sondern ausdrücklich zu fördern wären, um dem Kranken einen psychisch zuträglicheren Status zu verschaffen. Daß sich die technische Entwicklung nicht aufhalten läßt, ist auch nicht zu beklagen – beklagenswert ist aber der Umstand, daß der dadurch verbundenen Gefährdung der Person nicht durch geeignete Mittel entgegengewirkt wird. Es ist bedenklich, wenn heute jemand – und es ist kein Einzelfall! – folgende Sätze schreiben kann:

> »Am teuersten scheint zu sein, was Technik beansprucht. Nicht menschliche Zuwendung und Pflege ist das kostbarste, das höchstbezahlte, sondern Apparate, automatisierte Laboruntersuchungen. Mir kommt es so vor, als ob sich hier etwas von dem Geist der Medizin kundtut. Ein Geist, dem die Technik über dem Menschen steht.«[76]

Daß Arzt und Krankenhauspersonal einerseits, Patienten anderseits schon aus Gründen der großen Zahl nicht einer heilsamen dialogischen Situation entsprechen können, schließt eine solche im Krankenhaus noch nicht aus. Es gibt etwa den großen Kreis der Angehörigen, die im übrigen vielfach in einer völlig unzureichenden Weise in ein gemeinsames Gespräch einbezogen werden. Von der aktiven Mitwirkung am gemeinsamen – leiblichen und seelischen – Heil dürfte keine Personengruppe ausgeschlossen werden. Hier, wie in vielen anderen Fällen, könnte Arbeitsteilung die Möglichkeiten der Hilfe vergrößern. Von großer Bedeutung ist hier etwa die Funktion der Sozialhelfer. Man könnte sich vorstellen, daß diese nicht nur in einem unmittelbaren Bezug zum Kranken stehen, sondern als Vermittler zu dessen Angehörigen, und den Boden für gemeinsame Gespräche innerhalb der Familie vorbereiteten. Das Gespräch in der Normalfamilie ist ja in diesen besonderen Fällen von erhöhter Wichtigkeit. Wo es möglich ist, sollte auch der Priester in noch stärkerem Maß als bisher integriert werden. Und schließlich weisen innerhalb bestimmter Bereiche von Patienten Selbsthilfegruppen, die nach Beendigung ihres Krankenhausaufenthaltes zu Erfahrungsaustausch einander treffen, in die Zukunft.

Neben der besonderen Situation, welche durch das Krankenhaus geschaffen wird, besteht ja die allgemeine krankheitsbedingte Barriere, der Unterschied des Gesunden, der weitgehend Herr seiner Möglichkeiten ist, und des in vielen Dingen abhängigen Kranken. Beide stehen in einem Verhältnis von Freiheit und Unfreiheit zueinander; Neid auf der einen, das Gefühl, in seiner Bewegungsfreiheit eingeschränkt zu sein auf der anderen Seite, sind nur die natürlichen Folgen dieser Ausgangssituation. Diese stellt also einen besonderen Anspruch an beide Teile, häufig genug aber fehlen die Voraussetzungen und die Kräfte, diesem nachzukommen.

Hier kann sich eine Mauer des Schweigens aufbauen, die womöglich noch bedrohlicher ist als die Anonymität eines Spitalbetriebes. Zudem ist hier – der heutigen Größe der Familien entsprechend – die Anzahl der Personen zu gering, die helfen können, wodurch die Belastung für den Einzelnen unerträglich werden kann.

Man darf auch nicht vergessen, in welchem Maße die Wohnverhältnisse zu einer Verschärfung beitragen können. Es kann bei all dieser psychischen und räumlichen Enge so etwas wie eine psychische Infektionsgefahr entstehen.

Denn auch die Familie als solche garantiert keineswegs ein reibungsloses Zusammensein, und es ist nur zu bekannt, daß Gespräche innerhalb der Familie für gewöhnlich mit größeren Schwierigkeiten behaftet sind als mit Außenstehenden.

Man »weiß« zumeist nur zu gut oder bildet es sich jedenfalls ein, was der andere sagen wird. Das Aufeinander-Hören wird durch den Alltag und die mit ihm verbundene Mechanik der Handlungsabläufe abgestumpft. Die Chance, auf Außenstehende zu hören, ist deshalb im allgemeinen größer, und so sehr die Familie den Boden für eine naturgemäße Entfaltung des einzelnen darstellen kann, so groß sind die Gefahren, wenn sie sich von der Welt draußen abschließt, zumal dann, wenn sie nicht intakt ist. Man wird die Familie in ihrer Bedeutung nicht zu gering veranschlagen dürfen, darf sie aber auch nicht verabsolutieren und ideologisch zum Selbstzweck stempeln.

Zu diesen Gruppen kommt aber schließlich die große Zahl derer, die mit ihrem Schmerz allein sind, zumal Menschen, die mit fortschreitendem Alter zunehmend einsamer wurden. Hier muß von einem Schmerz gesprochen werden, den gerade unsere Zeit wenn schon nicht erschaffen hat, so doch vieles dazu beiträgt, daß er weiter wächst. Die Bitterkeit derer, die am allgemeinen Wohlstand nicht teilnehmen können, ist hier gemeint, der im Leben zu kurz Gekommenen, der weniger Tüchtigen, der in ihrer Vertrauensseligkeit und Friedfertigkeit Gekränkten und derer, deren Geist seine eigenen Wege gehen wollte. Hier zeigt sich am stärksten die Diskrepanz, die mit dem Wort »Sozialstaat« bezeichnet wird, die wachsende Differenz zwischen steigender materieller Zuwendung und Lieblosigkeit. Deren Haupteigenschaft ist dabei die Dummheit des Besserwissens. Denn in der scheinbaren Unvernunft der »Toren« verbirgt sich ein reicheres Wissen von den Möglichkeiten des Lebens, als es die Vernunft der Angepaßten vermuten ließe.

»Als Narren wissen wir mehr vom Schmerz, wir wissen, daß wir mit der Liebe nie fertig werden, immer in ihrer Schuld bleiben und daß es lächerlich ist, zu sagen: ›Ich habe mein Bestes getan‹, weil so nur einer sprechen könnte, der sein Leben gegeben hätte.«[77]

Es war oben davon die Rede, daß Gesunder und Kranker in einem Verhältnis von Freiheit und Unfreiheit zueinander stehen, so zwar, daß der eine den jeweils anderen als frei und sich selbst als unfrei betrachtet. Dies ist der Naturzustand, und alles liegt daran, ihn zu verändern. Aller Neid, alle Mißgunst, alle Verdrossenheit hängen an dieser Rollenverteilung. Man vergißt zu leicht das Allernächste. Man interpretiert seine eigene Wirklichkeit nur zu rasch von deren Nicht-möglichkeiten her, anstatt nach den Möglichkeiten zu fragen. Für den anderen eine Möglichkeit darstellen, macht dies aus, was wir eine Person nennen. Das gegenseitige Person-sein lebt aber aus dem Geist des Dienens.

Die griechische Sprache sagt hier sehr schön mit dem einen Wort therapeia beides aus, Heilen und Dienen: Heilen heißt Dienst am Kranken – jeder aber ist in gewissem Sinn ein Kranker. Die Gesinnung des Dienstes, die Demut, ist nicht die des Knechtes, das heißt eines unfreien Menschen. Einer hilft hier ja gerade dem anderen in seinem Bemühen, frei zu sein. Freiheit bewährt sich hier im Sinne des Apostelwortes: »Einer trage des anderen Last.«

Einander Personsein bedeutet, füreinander Verantwortung tragen können. Das heißt weiterhin, einander Antwort geben, in des Wortes engerer wie weiter Bedeutung. Aus solcher Verantwortung entspringt der Trost. Trost ist nicht Vertröstung. Diese verschiebt auf Zukünftiges, jener ist gegenwärtiges Angebot.

Das Trostwort ist seinem Wesen nach therapeutisch. Jemanden trösten, heißt verlorengegangenes Vertrauen wiederherzustellen. Ein wichtiger Unterschied zwischen Trost und Vertröstung ist auch der, daß jener absichtslos entsteht. Auch in diesem Sinn ist Ferdinand Ebners Beobachtung zu verstehen:

> »Das gut gewählte, das rechte Wort wird oft eine größere Beziehungsweite und Fülle haben, als sie dem Menschen im Augenblick der Wortwerdung dessen, was er denkt und sagen will, bewußt ist, ja sogar als es ihm überhaupt je bewußt wird.«[78]

Das helfend-heilende Wort ist wesentlich Antwort. Darin liegt freilich auch die Schwierigkeit beschlossen, daß wir uns nämlich seltsamerweise der so nahen Hilfe gar nicht öffnen, sondern vor ihr zurückweichen. Denn wir geben ja nicht nur Antwort, als würden wir sie weggeben und dann dem anderen überlassen, was er mit ihr tut; in gewissem Sinne *sind* wir selbst die Antwort, indem wir für unser Wort mit unserer Existenz einstehen. Der heilige Augustinus hat diesen Sachverhalt wiederholt in unübertrefflicher Weise ausgesprochen:

> »Voll Wißbegier ist dies Geschlecht, das Leben andrer zu ergründen, voll Lässigkeit, das eigene zu bessern.« Und: »Sie lieben die Wahrheit, wenn sie leuchtet, sie hassen sie, wenn sie tadelt.«[79]

Nur indem ich dem anderen nicht als unfehlbar, als Wahrheit, die tadelt, gegenübertrete, ermutige ich ihn, selbst die Wahrheit zu suchen. In dieser Ermutigung erwächst das Vertrauen; erst wer vertraut, kann sich als voll verantwortlich annehmen. Er weiß ja umgekehrt, daß auch ich ihm verantwortlich bin. Ein Grundmotiv der modernen Arbeitstherapie ist es gerade, dem Kranken wieder den Sinn für Verantwortung zu geben. Verantwortlich sein zu *dürfen* (nicht zu müssen!), ist eine Voraussetzung der eigenen Mitwirkung am Gesundwerden.

Im Dialog sind Frage und Antwort nicht in der Weise voneinander getrennt, wie im sonstigen Miteinanderreden. Die Rollen können leicht vertauscht werden. Das ist der eine Grund für die Schwierigkeiten eines therapeutischen (im weiten Sinn des Wortes) Gespräches. Dazu kommt eine ganz banale allgemeine Artikulationsschwierigkeit. Es ist ja seltsam: Wir erlernen im Lauf unseres Lebens die verschiedensten Kenntnisse und Fertigkeiten, wo es aber um das Leben selbst geht, bleiben die Dinge sich selbst überlassen. Auch das Nachdenken über sich will, wenn schon nicht gelernt, so doch geübt werden. Das Selbstverständliche erscheint einem häufig als das Fernste, das rechte Wort will sich nicht einstellen.

Und schließlich gibt es neben den allgemeinen Schwierigkeiten von Wahrhaftigkeit und Sich-ausdrücken-Können das besondere Problem der Scham. Ich habe wiederholt darauf hingewiesen, daß mit dem Schmerz das Ich in einer gesteigerten Weise ins Spiel kommt. Es erhält eine Chance, wesentlich zu werden – und ist zugleich in der Gefahr des Sich-Entgleitens. Indem hier also das Gespräch der letztgenannten Gefahr zu begegnen sucht, greift es zugleich an den innersten Personkern. Dessen Wahrhaftigwerden besteht ja nicht zuletzt in gewissen schmerzlichen Enthüllungen – und nun soll dieser

Prozeß der Desillusionierung einem anderen mitgeteilt werden. Er braucht ja die Mitteilung, weil sich hier eine neue, gefährliche Illusion selbstgenügsamer Einsamkeit aufzubauen droht. Um der kathartischen Wirkung des Schmerzes ganz teilhaftig zu werden, muß er etwas von dem, was ihm so kostbar erscheint, anderen mitteilen, mit anderen also teilen. Was er bisher vor sich selbst geheimgehalten hat, was ihm seine Selbstliebe verborgen hat, soll jetzt gar anderen gesagt werden.

Es gibt eine Vorstellung von Einsamkeit, die erhaben ist. Sie zeigt uns die Größe des Schmerzes und der Vereinsamung. Wir sind heute oft nahe daran, diese Größe leichtfertig herzugeben. Aber wir dürfen nicht vergessen, daß darin auch die Gefahr und Anfechtung einer hochmütigen Selbstliebe liegt, die sich der Gemeinschaft zu entziehen sucht. Und das Sich-Öffnen im Wort ist das wirksamste Durchbrechen der Eigenliebe. Der Schmerz vereinzelt. Aber der Schmerz ist nur das Vorletzte. Das Letzte ist die Liebe, die alles Lebendige verbindet.

2. DIE FRAGE NACH DEM SINN DES SCHMERZES

a) Die Problematik der Frage

Erwin Stengel, als Präsident der Internationalen Vereinigung für Selbstmordverhütung mit dem Problem der Sinnlosigkeit unmittelbar konfrontiert, warnte gleichwohl in sehr entschiedener Weise davor, in die Frage nach dem Sinn des Lebens wirkliches Vertrauen zu setzen:

> »Die Frage nach dem ›Sinn des Lebens‹ ist schon als solche von zweifelhaftem Sinn. Ärzte und andere Menschen, deren Aufgabe die Erhaltung des Lebens ist, tun gut daran, dieser Frage aus dem Wege zu gehen, wenn sie nicht in die Lage kommen wollen, über den Wert von Menschenleben urteilen zu sollen, die zu erhalten sie berufen sind. Sie sollten vor vorgefaßten Meinungen über den Sinn des Lebens auf der Hut sein, denn solche Vorstellungen können zu einer ernstlichen Einschränkung ihrer Fähigkeit zu helfen führen und sie in große Schwierigkeiten bringen.«[81]

Stengel bringt damit pointiert den Unterschied zwischen der Überlieferung und Auffassungen, wie sie in der Gegenwart verbreitet sind, zum Ausdruck. So etwas wie Sinn stand immer in Frage, aber die Frage nach Sinn war in ihrer Sinnhaftigkeit unbezweifelt. Es ist für die Gegenwart kennzeichnend, daß sie bereits dieser Frage mißtraut.

Nun bedeuten Stengels Feststellungen zweifellos eine Korrektur gegenüber mißbräuchlichen Anwendungen der genannten Frage. Es kommt ihm ja darauf an, nicht über den Wert von Menschenleben mit Hilfe vorgefaßter Meinungen über den Sinn des Lebens zu urteilen. Stengel war sich vermutlich dessen nicht bewußt, daß er sich damit in Gesellschaft eines der ältesten diesbezüglichen Zeugnisse, welche die Menschheit besitzt, befand. Es ist die alttestamentliche Geschichte des frommen Ijob, den Gott dem Satan zur Versuchung überantwortet. Ijob verliert seinen gesamten Reichtum, seine Knechte und seine Nachkommenschaft kommen um, und schließlich schlägt Satan Ijob selbst mit bösartigen Geschwüren von Kopf bis Fuß. In dieses Elend kommen seine Freunde, um ihm Trost zuzusprechen. Aber dieser Trost besteht darin, daß sie von der allgemeinen Gerechtigkeit sprechen, von der Weisheit Gottes und Ijobs mangelnder Einsicht. Ihr Zureden ist kein Trost, sondern Vertröstung, weil es aus der Selbstgerechtigkeit kommt, die sich bereits gerettet weiß. Ijob durchschaut aber dies, wenn er sagt:

> »Wärt ihr doch erst an meiner Stelle, ich könnte euch mit Worten überhäufen und über euch das Haupt schon schütteln« (Ijob 16,4).

Hans Küng hat in diesem Zusammenhang treffend von einer »Gerechtigkeitslogik« gesprochen, die dem nichts nützen kann, der den Tag seiner Geburt verflucht und im Übermaß des Leidens sich den Tod wünscht und der nicht mehr einsehen kann, inwiefern das Leben Sinn hat.[82] Ijob, der um Gottes Gerechtigkeit weiß – der Anfang des Buches schildert ihn als einen gottesfürchtigen Menschen –, kommt über den Widerspruch zwischen dieser Gerechtigkeit und seinem Leiden, das er ja auch nicht als Folge einer Schuld verstehen kann, hinweg. Er fragt hier in aller Leidenschaft, er lebt im Aufruhr, er schreit auf in seiner Verlassenheit – aber er kann sich selbst die Antwort nicht geben.

Was mich bei jener oben genannten Stelle aus dem Buch Stengels an dieses vermutlich ein halbes Jahrtausend vor Christus entstandene Buch Ijob erinnert hat, ist das Mißverhältnis einer allgemeinen selbstgerechten Antwort angesichts der konkreten Not des einzelnen. Insofern ist Zweifel an der Frage nach dem Sinn des Lebens berechtigt.

Aber es ist auch ein Zweifel am Zweifel berechtigt. Dieser Zweifel verwirft zwar absolute Antworten, gibt sich aber selbst absolut, indem er bestimmte Antworten von vornherein gar nicht erst zuläßt. Er tut dies, weil er zu wissen vermeint, wie solche Antworten aussehen würden. Abgeschlossene theoretische Formeln sind allerdings ungemäße Antworten, doch darüber sind sich auch Theologen und Philosophen weitgehend einig. Es muß also *anders* geantwortet werden. Damit ist aber die Frage nach dem Sinn des Leidens und somit auch die Frage nach dem Sinn des Lebens – in der Form: wozu noch weiterleben? – keineswegs sinnlos und ruft nach einer ihr gemäßen Antwort. Die »Gerechtigkeitslogik«, ein Ausdruck hochmütiger Erhabenheit über das wirkliche Elend, ist vom Ernst dieser Frage schon gerichtet.

Stengel bringt in diesem Zusammenhang das Beispiel einer alten und kranken Frau, die als Witwe keinen ihr nahestehenden Menschen mehr hat. Auf die Frage an einen Geistlichen, wozu sie noch weiterleben solle, sei dieser in Verlegenheit gewesen und hätte keine Antwort gewußt. Der Berichterstatter meint nun, hätte man ihn gefragt, so hätte er als Arzt im Rahmen der Biologie geantwortet und auf die lebenserhaltenden Kräfte hingewiesen, die auch dort am Werk sind, wo wir sie nicht erkennen. Nicht ein bestimmter Lebenszweck ist es, an den man sich klammere, nicht weil das Leben erfreulich wäre, lebte man weiter, sondern Zweck des Lebens sei das Leben selbst, er hätte daher abschließend so geantwortet:

> »Deshalb will etwas in Ihnen weiterleben, obwohl Sie keinen Grund dafür erkennen können und oft wünschen, Sie wären tot.«[83]

Biologisch gesehen, ist diese Antwort zweifellos richtig. Es ist aber gerade dabei die Frage, ob sie auch ausreicht. Daß man sich ans Leben klammert, weil im verborgenen lebenserhaltende Kräfte wirken, mag ein Grund des Überlebens sein. Dazu kann die Furcht vor dem Tod kommen, die für gewöhnlich doch stärker als die Furcht vor dem Leben ist. Auch können die Folgen gesellschaftlicher Schande über den Tod hinaus so plastisch vor Augen stehen, daß jemand vor dem Selbstmord zurückschreckt. Aber das bloße Weiterleben in diesen Formen ist doch nicht – auch nicht implizit – die Antwort auf die doch weitergehende Frage nach dem Sinn des Lebens. Wenn jemand, wie Ijob, die Stunde seiner Geburt verflucht, so kann es sein, daß er aus den genannten und vielleicht noch anderen Gründen doch weiterlebt, doch ohne daß ihm der Hunger auf seine Frage gestillt wäre. Die Medizin kann Leben verlängern, kann den Willen zum Nicht-mehr-

Leben herabsetzen, indem sie Medikamente verabreicht – aber sie überschreitet sich selbst, sofern sie auf die Frage nach Sinn antwortet.

Bloßes Weiterleben ist noch nicht an sich ein sinnvolles Leben. Umgekehrt können die Lebenskräfte ganz im Absterben begriffen sein, und es überträgt sich von einem solchen Menschen noch eine Kraft, die zu stärken und zu trösten, also Sinn zu spenden vermag. Darin liegt auch ein erster Hinweis auf das Wesen dessen, was Sinn ist; er liegt nicht in der Selbstbewahrung, sondern in der Weitergabe. In die Anfänge der griechischen Philosophie zurück reicht ein Wort, in dem dies in ebenso schlichter wie schöner Weise gesagt ist:

»Der Seele ist der Sinn eigen, der sich selbst mehrt.«[84]

Die Dimension, innerhalb derer nach der Frage nach dem Sinn gefragt werden kann, ist die des Verhältnisses von Mensch zu Mensch. Mensch sein und als Mensch »seinen« Sinn zu finden, heißt zuerst, Mensch mit Menschen sein. Daher liegt in jener Antwort an die alte Frau noch etwas Unangemessenes. Ihre Frage, wozu sie noch weiterleben solle, kommt aus einer völligen Vereinsamung, und die gemäße Antwort müßte im Versuch bestehen, diese Einsamkeit aufzuheben. Nicht der Hinweis auf den Trost einer Religion und schon gar nicht der Hinweis auf irgendwelche verborgenen biologischen Kräfte kann die Verhärtung solcher Einsamkeit aufbrechen, ohne daß zugleich das Angebot käme, in Gemeinsamkeit solches zu tun. Ich glaube, daß man auch in diesem Sinn das berühmte Gleichnis vom barmherzigen Samariter verstehen kann: Der Nächste ist immer derjenige, welcher Barmherzigkeit übt.

b) Sinn als Grunderfahrung

Was ist Sinn? Kann trotz aller Vorsicht eine bestimmte Antwort gegeben werden? Es empfiehlt sich, angesichts dieses menschlichen Urphänomens wieder von einer kleinen sprachgeschichtlichen Überlegung auszugehen.

Unser Wort »Sinn« geht auf eine Wurzel *sent* zurück, deren Grundbedeutung soviel wie »Weg« besagt. *Sinnan* heißt ›reisen, streben, gehen‹, und noch das lateinische *sentire*, ›fühlen‹, heißt ursprünglich ›einer Richtung nachgehen‹. »Sinn« und »Weg«, auf den ersten Blick ganz verschieden, entspringen einer gemeinsamen und der ganzen Menschheit zugehörigen Überlieferung. Man hat bei der Übersetzung des chinesischen Wortes »Tao« überlegt, ob man es mit »Sinn« oder mit »Weg« wiedergeben solle; dabei meinen beide Worte *eine* Sache. Das Werk, das unter Lao-tses Namen überliefert ist, heißt »Tao-tê-king«; man hat es übersetzt mit: »Das heilige Buch vom Weg und von der Tugend«[85]. (Ich darf dabei an früher Gesagtes erinnern, daß unter Tugend die Haltung, aus der heraus ein Mensch sein Leben »sinnvoll« verwirklicht, zu verstehen ist.) Das Buch gibt keine Lehre, sofern man darunter eine Sammlung von Verhaltensvorschriften versteht, sondern spricht von der Grunderfahrung des Weges. Es spricht vom Unterwegssein. In einem der Abschnitte kommt dies mit Worten zum Ausdruck, die an einen anderen »Weg«, den Christi, erinnern:

»Wer auf Zehen steht, der hält sich nicht;
Wer die Beine spreizt, der wandelt nicht.
Wer sich selber sieht, ist nicht erleuchtet;
Wer sich selber recht gibt, ist nicht anerkannt;

Wer sich selber aufspielt, hat kein Verdienst;
Wer sich selber rühmt, wird nicht erhöht.

Auf den *Weg* übertragen, heißt das:
Zu viel der Speisen und prunkender Wandel
Sind den Geschöpfen allzumal ein Überdruß.
Wahrlich:
Wer den *Weg* hat, weilt nicht dabei.«[86]

Das Wort »Weg« und was zu ihm gehört, reicht auch in die Anfänge der abendländischen Philosophie hinein. Das große Lehrgedicht des Parmenides gibt die Darstellung eines Weges, und Heraklit von Ephesos, den schon seine Zeitgenossen den »Dunklen« nannten, spricht auch dort aus der Erfahrung des Weges, wo er dies nicht unmittelbar wie im Fragment 71 sagt:

»Man soll auch des Mannes gedenken, der vergißt, wohin der Weg führt.«

Und schließlich ist vom »Weg« in einer sehr entschiedenen und personbezogenen Weise im Evangelium die Rede – abgesehen davon, daß man schon frühzeitig die Christen als Anhänger des »Weges« bezeichnet hat (Apostelgeschichte 9, 2). Jesus sagt von sich selbst: »Ich bin der Weg und die Wahrheit und das Leben« (Joh 14, 6). Diese Worte sind aus dem Ernst des letzten Weges gesprochen, indem Jesus von seinem Hingang zum Vater spricht und Thomas ihn fragt:

»Herr, wir wissen nicht, wohin du gehst. Wie können wir den Weg wissen?« (14, 5)

Entschiedener, unausweichlicher wird hier vor Augen gestellt, daß das Menschenleben ein Weg ist, und zwar ein

Hinweggang, worauf uns ja auch die Etymologie des Wortes »leiden« (›fortgehen, sterben‹) aufmerksam macht. Aus solchen Erfahrungen hat sich das Bild vom homo viator, dem Menschen als Wanderer, gespeist. Was hier ausdrücklich gesagt wird und was in den älteren Überlieferungen entweder nicht oder nicht auf die einzelne Person bezogen zur Sprache kommt, ist die Unwiderruflichkeit des Weges angesichts dessen, daß er ein immerwährender Fortgang ist. Wer daher von hier aus nach dem Sinn des Lebens fragt, der kann nicht umhin anzuerkennen, daß eine Antwort nur dann wirklich ist, also kein billiger Trost, keine Illusion, wenn sie auch das Leiden und letzten Endes den Tod einbegreift. Denn die Sinnfrage will Antwort, die dem Widersinn standhält.

Dabei ist es nicht so, daß wir uns erst konstruieren müßten, was Sinn für uns werden kann. Gerade eine solche Selbstkonstruktion wäre eine Illusion. Es kann Zeiten geben, wo eine derartige »Lebenslüge«, um das Wort Ibsens zu gebrauchen, über Abgründe hinwegträgt; es kann jemand über eine Krise mit Hilfe einer Illusion hinwegkommen, und es kann sein, daß er nie zur Wirklichkeit aufwacht. Drogen aller Art nähren Illusionen. Aber eine Illusion bleibt eine Illusion, und dauert sie noch so lange. Denn was sie von der Wirklichkeitserfahrung unterscheidet, ist die Verkümmerung des eigenen Selbst.

Wir können uns keinen Entwurf vom Sinn machen, sondern wir leben immer schon aus dem Sinn heraus. Wir kommen, wenn uns nichts Böses widerfährt, aus einem Einklang mit uns und handeln aus diesem Einklang heraus. Aus dem Sinn herkommend, ist uns so etwas wie inneres Wachstum möglich, also das Gegenteil des Stillstands in der Illusion. Man soll dies nicht als zu gering veranschlagen, indem man das Herkommen aus dem Einklang mit sich allzu schnell als »heile Welt« abtut. Heilsein in diesem Verstand ist, wie nochmals betont werden muß, das Gegenteil von Illusion. Heilsein will sich nicht bewahren, sondern bewähren, indem es sich weitergibt.

Herkommen aus Sinn, das kann heißen, aus der Geborgenheit eines Familienlebens. Die Kritik an der Familie hat das Bild eines engen Kreises vor Augen, der sich gegen die Welt nach außen abschließt. Diese falsche Innerlichkeit war freilich nie der Sinn der Familie. Sie sollte ein Ort der Einübung in familiaritas sein, des Vertrauens zu sich und zur Welt, in dem jener Einklang besteht, aus dem sinnvolles Handeln erwächst.

Was ist aber sinnvolles Handeln? Offenbar müssen wir hier zwischen Sinn und Zweck unterscheiden. Ein zweckgerichtetes Handeln hat einen bestimmten Nutzen vor Augen, dabei muß es nicht immer sinnvoll sein. Umgekehrt kann auch dort noch von Sinn die Rede sein, wo keine bestimmten Zwecke mehr verfolgt werden. Ein am Nutzen orientiertes Zeitalter wie das unsere überläßt daher zu rasch diejenigen sich selbst, die nicht mehr nützlich sein können, oder vermag jedenfalls mit ihnen nichts mehr anzufangen. Man geht zweckmäßig vor. Zweckmäßig kann das Töten von Menschen sein – man wird ihm aber keinen Sinn zusprechen können. Sinnvoll kann das Leben eines Menschen sein, der zu nichts mehr »nütze« ist. Schließlich gilt: Zwecke entwerfen wir uns selbst, Sinn wächst uns zu.

Wir können nämlich über Sinn nicht verfügen, weil wir zwar aus unserem Herkommen sinnvoll handeln, weil

Sinn aber stets auf Zukunft gerichtet ist. Wenn jemand seinem Leben jeden Sinn abspricht, dann meint er damit, es habe keine Zukunft mehr. Wenn wir anderseits sagen, ein bestimmter Mensch habe Zukunft, dann sprechen wir ihm Sinn zu (und meinen nicht etwa, er sei zu einem bestimmten Zweck geeignet).

Die Zukunft »hat« man eigentlich nicht. Mit »haben« bezeichnen wir Besitzverhältnisse, aber Zukunft ist streng genommen etwas, das ich nicht besitzen kann. Ich kann den nächsten Tag einteilen, über die nächste Zeit disponieren – und hänge doch vor allem davon ab, wieweit mir Zukunft gewährt wird. Damit meine ich nicht nur den Abbruch in jeder Zukunft durch den Tod, sondern Zukunft kann in jener eigentümlichen Weise entzogen bleiben, daß das Leben nur wie eine fortgesetzte Verlängerung der Gegenwart erscheint. Ich erfahre Leben als sinnlos, weil es im eigentlichen Sinn keine Zukunft mehr »hat«.

Im Schmerz liegt die Gefahr, daß die Zeit ihrer dritten Dimension, der Zukunft, beraubt wird. Er ist in einer besonderen Weise auf Gegenwärtiges oder Vergangenes bezogen.

Im physischen Schmerz kann das betroffene Organ eine Intensität von der Art entfalten, daß damit gleichsam das ganze Leben von innen her ausgefüllt wird. Der Schmerz in seiner Aufdringlichkeit ist ständige Gegenwart, und alles ist auf ihn bezogen. Die Aussicht auf etwas Neues, die Ankündigung einer Änderung wird schon ihres zukünftigen Charakters entkleidet, weil angesichts der durch den Schmerz geschaffenen Situation überflüssig. Realität und Einbildung können hier ineinander fließen. Was im normalen Leben die Langeweile ist, dieser zukunftslose Überdruß an der Gegenwart, das ist hier durch das Ereignis des Schmerzes bestimmt.

Die Trauer als die negative Seite des psychischen Schmerzes (seine positive haben wir mit Freud als »Trauerarbeit« bezeichnet) ist von ähnlicher Art, nur bezieht sie sich auf etwas Vergangenes. Das Ereignis, das zur Situation des Leides geführt hat, wird immer wieder vor Augen geführt; alles Leben kann daraufhin – eigentlich rückwärtsgewandt – eingerichtet werden. Veränderung wird als unerlaubte Ablenkung empfunden. Es entsteht so etwas wie die Behauptung eines Rechts auf »seine« Trauer. Jeder Versuch zur Hilfe kann als Einmischung verstanden werden, jeder Trost zum Unverständnis abgestempelt. Der Trauernde kann solcherart, streng genommen, in eine Illusion hineingeraten, die ihm, wie es allen Illusionen eigentümlich ist, davor zurückhält, sich mit sich selbst auseinanderzusetzen.

Es ist also nicht so, daß im Schmerz schlechterdings Sinnlosigkeit offenbar würde. Zwar komme ich im Schmerz auf mich selbst zu, und es entsteht eine Situation der Entscheidung. Die Natur hat aber die Möglichkeit, diese Entscheidung hinauszuzögern, geschaffen. Das ist zunächst sinnvoll, weil in einer Situation großer Betroffenheit ein Zustand der Labilität herrscht, der allzu große Klarsicht nicht vertragen könnte. Aber im wohltätigen Dunkel, das uns den Zustand der Gefahr verbirgt, hat sich bereits die nächste Gefahr eingenistet, sich in dieser Situation einzurichten. Was ursprünglich ein Anstoß war, sich der Sinnfrage jenseits aller Illusionen neu zu stellen, kann zu einer gefährlichen Form der Selbstzufriedenheit im eigenen Unheil führen.

Sinn als Grunderfahrung wird nur in den Extremen

ausdrücklich erfahren. Im Rückblick auf ein sinnvolles Leben kann dem Trauernden solches sichtbar werden. Aber auch in der Fülle der Selbstbejahung, in der Einstimmigkeit mit sich selbst kann Sinn eigens erfahren werden – der Erfahrung des abwesenden Sinnes entspricht auf der anderen Seite die Glückserfahrung. Im Leben des einzelnen sind solche Erfahrungen selten rein vorhanden. Selbst der, der nach dem Sinn seines Lebens fragt, kann bereits so müde sein, daß er diese Frage selbst nicht mehr ernst nimmt, wie anderseits diese Frage plötzlich und unvermutet hereinbrechen kann, auch ohne daß ein äußerer Anlaß vorliegt. Mitten im »weltlichen« Überdruß kann sich ein »geistlicher« Sinn zeigen. So drückt dies Ferdinand Ebner (offenbar in Erinnerung an einen Gedanken Kierkegaards) in seinem Tagebuch aus:

> »Sinn dieser Tage: ohnmächtig die Verzweiflung auskosten bis zum letzten Tropfen. Nichts haben, wo man sein Haupt hinlegen könnte – das wäre ja die Situation eines Lebens im Geiste.«[87]

c) Die Wandlung der Frage zur Antwort

Wir sind in diesem Kapitel von der Frage nach dem Sinn des Leidens ausgegangen. Sie bricht ja erst auf, wenn die Selbstverständlichkeit, mit der wir unser Leben vollziehen – also zeigen, daß das Leben Sinn hat –, unterbrochen ist. Dabei hat sich bei näherem Zusehen gezeigt, daß die Frage nicht auf eine bloß verbale Antwort aus ist. Eine Antwort, in der nicht auch ein »Ich bin für dich da« enthalten ist, reicht nicht aus. Aber zumeist reichen Worte hin, und die kritische Zone ist erst dort erreicht, wo dies nicht mehr der Fall ist. Man glaubt dann, hier bestünden unübersteigbare Schranken. Man geht dabei freilich davon aus, daß man für gewöhnlich, wenn man antwortet, mit seiner Antwort nicht identisch ist. Man kann ein Stück von sich selbst fortgeben und sich doch in der Hauptsache bewahren. In der Krise ist dies zu wenig. Es kann nötig werden, nicht mehr Antwort zu geben, fortzugeben, sondern Antwort zu *sein*. Es braucht für gewöhnlich nicht eigens enthüllt zu werden, daß darin aller Sinn mitgegeben ist, daß wir Menschen mit Menschen sind. Es ist uns dies auch nicht bewußt. Nach Sinn verlangen wir angesichts des Widersinnes, einer großen Einsamkeit, einer tiefen Verzweiflung. Was ansonsten auf Grund seiner Selbstverständlichkeit nicht eigens bewußt ist, daß wir es nämlich vermögen, einander antworten und aufeinander eingehen zu können, das zeigt sich jetzt als ein Nicht-mehr-Können und mit der Zeit als Nicht-mehr-Wollen, als Akt der Verweigerung den anderen gegenüber.

Das Kind lernt in der Geborgenheit eines guten Familienlebens ja gerade nicht, sich in »seiner« Familie einzuschließen, sondern es übt hier mit wenigen ein, was es vielen entgegenbringen soll, die Fähigkeit zu geben und zu empfangen. Mißglückt die erste Zeit der Kindheit, so ist beides gestört, das Vermögen, sich in Offenheit und Vertrauen zu geben, und den anderen zu nehmen, wie er ist. Hier wurde die Sinnkrise geradezu zu einer Form ständigen Verhaltens.

Man sieht in der Frage nach dem Sinn des Lebens eine besonders radikale und philosophische Frage. Man erwartet dementsprechend auch eine besondere Antwort, endgültig entschieden, ein für allemal. Dies ist ein großer Irrtum. Die Radikalität der Frage entsteht erst aus einer besonderen Akzentuierung, aus einem quälenden Drang nach Endgültigem, nach festem Boden, nach unverbrüchlicher Gewißheit. Im personalen Zusammenleben ist aber ein Übermaß des Verlangens nach Gewißheit bereits Ausdruck eines Mißtrauens. Man verlangt hier keine Beweise. So verlangt die Sinnfrage, aus einer Not geboren – so wie nach Ferdinand Ebner das Wort »Ich« im Wehschrei wurzelt –, keine Antwort aus intellektueller Überlegenheit. Es ist eine Form innerer Erblindung, alle einzelnen Antworten zu verwerfen, um auf die eine und endgültige Antwort zu warten. Es ist dies auch eine Form der Trägheit, welche vergessen läßt, daß wir ebenso für den anderen Antwort sein können, ja zuzeiten sein müssen, wie er für uns.

Das Ich, das im Schmerz erwacht, sucht neu nach seinem Maß. Es ist maßlos, wenn es sich kraft seiner besonderen Situation eine Ausnahmestellung in seiner Umwelt zusprechen will. Es gibt sich eine Position, die den Mitmenschen zur Last wird. Andererseits besteht seine Maßlosigkeit auch in der Selbstunterschätzung, in einem Selbstmitleid, das sich nichts Großes mehr zutraut. In dieser Maßlosigkeit fragt der Leidende nicht ausdrücklich nach dem Sinn seines Lebens und Leidens, aber er fragt faktisch, in seinem Verhalten danach. Er vermag aus eigenem nicht zu seinem Maß zu finden, und es fällt hier besonders schwer, dieses Unmaß anzunehmen, das in der zum Vorwand gewordenen Schwäche des Kranken liegt. Die Belastung, die von ihm ausgeht, ist *seine* Form der Aktivität, nachdem er der Möglichkeit beraubt ist, seine Zeit im Wechsel von Arbeit und Muße hinzubringen. Die rechte Antwort ist hier tätige Hilfe, die gleich weit entfernt ist von Unmut wie von Mitleid.

Mit dem Leidenden mitzuleiden, ist natürlich. Aber das Mitleid kann zum gefährlichen Alibi werden. Friedrich Nietzsche hat vor einem Jahrhundert das Mitleid in all seinen Formen aufgespürt und erbarmungslos ans Licht geholt. Er hat es als eine Form des Selbstgenusses entlarvt, und zwar dessen, der es hervorruft, und also als unangemessene Antwort dem Kranken gegenüber:

> »... man lebe im Verkehr mit Kranken und geistig Gedrückten und frage sich, ob nicht das beredte Klagen und Wimmern, das Zur-Schau-Tragen des Unglücks im Grund das Ziel verfolgt, den Anwesenden *wehzutun:* das Mitleiden, welches jene dann äußern, ist insofern eine Tröstung für die Schwachen und Leidenden, als sie daran erkennen, doch wenigstens noch eine *Macht zu haben,* trotz aller ihrer Schwäche: die *Macht, wehzutun.*« »Somit ist der Durst nach Mitleid ein Durst nach Selbstgenuß, und zwar auf Unkosten der Mitmenschen; es zeigt den Menschen in der ganzen Rücksichtslosigkeit seines eigensten lieben Selbst ...«[88]

Nietzsche sieht im Mitleid also vor allem das Selbstmitleid mit dem Zweck, dem anderen seine Schwäche vor Augen zu halten. Er nennt daher nicht unrichtig diese Form des Mitleids auch »Ein-Leid« und »Einleidigkeit« [89]. Für ihn ist dieses Mitleid der Hauptgrund, welhalb er das Christentum verurteilt.

Abgesehen davon, daß zu allen Religionen auch deren Entartungserscheinungen gehören, und Nietzsche wesentliche Merkmale der pseudochristlichen Moral des vergangenen Jahrhunderts portraitiert hat, so hat er doch auch darüber hinaus die grundlegende Gefahr, die im Mitleid steckt, erkannt: daß es bei der schmerzlichen *Empfindung* bleibt, daß Mitleiden nicht zur Tat führt, und insofern ist seine Kritik von größter Bedeutung. Daß Mitleid »nichts kostet«, ist das Böse an ihm. Immer steckt darin eine Art von Selbstbemitleidung und Empörung über die Schlechtigkeit der anderen. Mitleid als Form der Selbstgerechtigkeit ist aber das übelste Mittel, dem Leidenden zu helfen. Es verwandelt sich denn auch sogleich in Herzenshärte, wo es darum geht, über die unverbindliche Rührung hinaus etwas zu tun.

Allerdings hätte Nietzsche heute weniger Gelegenheit, diese Mißgestalt des Mitleids im öffentlichen Leben zu studieren. Wie nun mit der Tugend das dieser zugehörige Laster einhergeht, so schwindet dieses unter Umständen zugleich mit jener. Was heute eher zu beklagen ist, ist die Mitleidslosigkeit in einem von Tüchtigkeit und Erfolg geprägten öffentlichen Leben den Schwachen der Gesellschaft gegenüber. Wäre Mitleid nur ein Übel, sein Fehlen müßte gelobt werden. Es zeigt sich hier aber, daß Mitleid nicht nur das ist, was Nietzsche sah.

Es gibt ein Wort für das positive und tätige oder doch Taten hervorbringende Mitleid, die wörtliche Wiedergabe unseres deutschen »Mit-leid« mit dem aus dem Griechischen stammenden Fremdwort »Sympathie«. Im frühen Christentum wurde die Gemeinschaft derer, die in der Sympathie leben, mit der Einheit des Leibes bezeichnet. Die Gemeinsamkeit im Ertragen des Leides gehört zur Sympathie, und dementsprechend gehört dazu auch das synchairein, die gemeinsame Freude. Wenn Nietzsche sich gelegentlich in Gegensatz zu seinen Mit-christen als einen Lehrer der »Mitfreude« bezeichnete[90], so ist dieser Gegensatz nicht in der Absicht der neutestamentlichen Verkündigung gelegen: Beides, sympaschein und synchairein gehören zusammen:

»Und wenn *ein* Glied leidet, leiden alle mit; wenn *ein* Glied ausgezeichnet wird, freuen sich alle Glieder mit« (1 Kor 12,26).

Der Frage nach dem Sinn des Lebens und des Schmerzes nachzugehen, bedeutet eigentlich, zwei Komplexe zu entdecken. Im einen Fall spricht die Frage die Sprache der Not und der Betroffenheit und muß sich nicht einmal in Worten äußern. Wem wirklich der Sinn des Lebens bis in die letzten Wurzeln – das heißt ja »radikal« – zur Frage geworden ist, der fragt nicht mehr, sondern er artikuliert sich im Schrei. In dieser Situation kann es sein, daß ihm nichts mehr eigen ist als seine Verzweiflung. Aber wenn wir hier fragen, so erwägen wir doch auch Möglichkeiten. Wer aber die Möglichkeiten abwägt, der hat auch die Möglichkeiten, Antwort zu geben. Es ist ihm noch ein Spielraum offen, nicht nur zu fragen – und die Erfahrung der Sinnlosigkeit und der Dunkelheit eines Fragens, das nicht weiß, ob es ankommen wird, ist nicht nur auf die Ausweglosigkeit der Verzweiflung beschränkt –, sondern sich dem Ernst der Frage zu stellen, indem er antwortet. Die Art der Antwort können wir uns freilich nicht aussuchen, sie hängt von der Art der Frage ab. Wer nach einer Antwort nach Art der Logiker sucht, wird eine solche mit allen offenen Möglichkeiten bekommen. Wer aus der Not seiner Existenz heraus fragt, kann nicht Steine statt Brot bekommen und nicht eine Schlange statt eines Fisches (Lk 11,11). Hier bleibt nichts übrig, als selbst zur

Antwort zu werden, und darin liegt aller Ernst und alle Schwierigkeit. Anders aber bleibt unerfüllbar, was die Frage eigentlich will. Wer nach dem Sinn des Lebens aus der Not seiner Existenz heraus fragt, der braucht nur eines – und das ist die Hoffnung! Mensch mit Mensch sein und als Mensch seinen Sinn finden, wurde früher gesagt, dort sei die Antwort zu suchen. Aber wie ist Mitmenschlichkeit denkbar wenn nicht auch so, daß wir den Hoffnungslosen antworten? Und ist es nicht so, daß sich die Hoffnungslosigkeit als Sinnlosigkeit immer mehr ausbreitet, weil uns immer mehr dazu drängt, besitzen zu wollen – auch Sinn! –, anstatt dafür offen zu sein, daß wir gebraucht werden? Wir wollen, um die von Gabriel Marcel und Erich Fromm genannte Alternative anzuführen, immer mehr »haben« anstatt zu »sein«. Sein, das heißt aber zuallererst und zuhöchst »lieben«, zur Liebe gehört aber jenes eigentliche Antwort-Sein. Am Schluß von Walter Benjamins großem Essay über Goethes »Wahlverwandtschaften« steht der Satz: »Nur um der Hoffnungslosen willen ist uns die Hoffnung gegeben.«

3. DER SCHMERZ DER ERFAHRUNG

a) Der Zusammenhang von Schmerz und Erfahrung

»Wenn unsere Erfahrung zerstört ist, wird unser Verhalten zerstörerisch sein.« Diese Feststellung des englischen Psychiaters Ronald D. Laing[91] entstammt keiner düsteren Prophetie, sondern täglicher Beobachtung.

Wohl ist Erfahrung etwas, das allmählich mit dem Menschen heranwächst; aber diese Entwicklung setzt sich nicht mit der Kraft eines Naturgesetzes durch. Erfahrung ist kein fester Besitz, man »hat« sie nicht einfach, – sondern sie ist wie alles Kostbare verletzlich. Es ist daher ein Irrtum zu meinen, Erfahrungen bedürften keiner Pflege. Dies gilt auch für den öffentlichen Bereich. Eine »Kultur« des Schmerzes – nicht Kultivierung des Leidens! – bedurfte der Arbeit von Generationen, ist aber allzu rasch zerstört.

Man pflegt im Zusammenhang mit dem Begriff der Erfahrung und als Beispiel für diese häufig auf die bitteren Erfahrungen hinzuweisen, die ein Mensch macht. Das ist kein Zufall, weil es den Zusammenhang von Erfahrung und Schmerz jeglicher Art anzeigt. Es könnte aber andererseits auf einen falschen Weg führen, indem dabei so etwas wie Verbitterung mitklingt. Denn mit dieser ist etwas Abschließendes und Endgültiges gemeint, während zur Erfahrung gerade die Offenheit und Bereitschaft zu Neuem gehören. Ein erfahrener Mensch ist eigentlich nicht so sehr durch Überlegenheit anderen gegenüber ausgezeichnet als vielmehr dadurch, daß er ein guter Zuhörer ist und immer bereit ist, seine Erfahrungen zu erproben. Wo Überlegenheit zum Selbstzweck wird, spricht man von Besserwisserei. Hier aber beruht sie darin, daß jemand auf Grund erworbener Standfestigkeit darangehen kann, neues Terrain zu gewinnen.

Dieser versucherische Charakter von Erfahrung wird auch von der Sprache her deutlich, denkt man vor allem an das griechische Wort für Erfahrung, empeiria: peira bedeutet ›Erprobung‹ und hängt sprachgeschichtlich mit dem lateinischen experimentum zusammen, wovon unser bekanntes Fremdwort kommt, vor allem aber auch mit per-iculum, ›Gefahr‹: Erfahrung ist nicht etwas Abgeschlossenes, sondern ein Prozeß des Sich-Erprobens, das auch der Gefahr nicht aus dem Wege geht. Erfahrung hat es – und wir kommen hier auf frühere Überlegungen zurück – mit Tapferkeit zu tun.

Nun ist ja, wie ein früherer Hinweis auf die Stammesgeschichte zeigte, der menschlichen Natur ein Warnsystem eigen, das Gefahren jeder Art anzeigt; die Natur, sahen wir, steht unter dem Prinzip der Schmerzvermeidung. So wäre denn der Schmerz, nimmt man all das Gesagte zusammen, eigentlich ein Hindernis in bezug auf Erfahrungen? Man kann darauf nicht antworten, ohne auf die Perspektive der Betrachtung hinzuweisen. Das Prinzip der Schmerzvermeidung gehört gewiß zu unserer Natur. Aber ist das ganz *unsere* Natur oder nicht gerade jene Natur, die wir mit allen Lebewesen, wenigstens den höher organisierten Tieren, teilen? »Natürlich« können wir uns aus unserer Natur ebensowenig wie aus unserer Haut heraus, und es ist durchaus ein Zeichen von Realismus, sich der eigenen »Naturgeschichte« zu besinnen.

Es wäre aber anderseits eine vielleicht noch größere Verkennung der condition humaine, wollte man sie von der Seite, die gerade nicht ihr Spezifikum darstellt, zu bestimmen versuchen. Das wäre eine Vertauschung der Perspektiven, und unter diesem Aspekt kann so etwas wie Geist oder Freiheit nicht einmal verzerrt, sondern überhaupt nicht begriffen werden. Es ist ja das Signalement des Geistes, das Charakteristikum der Freiheit, daß ein Mensch Schmerzen auf sich nehmen kann, ohne daß Notwendigkeit bestünde, ohne blind vom Schmerz überfallen worden zu sein. Ja selbst dort, wo ihn der Schmerz wie ein Naturereignis überwältigt, wo ihm Krankheit die äußere Freiheit nimmt, kann innere Freiheit gegenüber dem Schicksal sogar noch wachsen: Hierin liegt dies, was man die schöpferische Kraft des Schmerzes genannt hat. Diese kann ganz einfach in einem bewußteren Verhältnis zum Alltag bestehen, sie kann ihren Ausdruck in Gestalten der Kunst finden, sie ist aber auch im äußerlich vielleicht ganz unscheinbaren Opfer, in dem sich einer bis zum letzten treu bleibt. Alle diese Aspekte spricht Adalbert Stifter in einem Satz aus, wenn er nach einer Reihe von Klagen über sein eigenes Siechtum und über das alltägliche Elend, das sein Amt über ihn zumal angesichts seines künstlerischen Schaffens gebracht hat, an den Freund und Verleger Gustav Heckenast schreibt:

> »Ich gebe den Schmerz nicht her, weil ich sonst auch das Göttliche hergeben müßte.«[92]

Weil diese geheimnisvolle Kraft des Schmerzes kein

Naturereignis ist, darf man auch nicht auf sie setzen, als wäre sie eines. Es muß ihr wohl eine entsprechende Verfassung geistiger und bis zu einem gewissen Grad auch physischer Art vorausgehen, auch wenn auf dem Gebiet des Geistigen das Überraschende zum »Natürlichen« gehört. Die Potenz des Geistes kann verborgen sein und erst in der Stunde der Gefahr zum Tragen kommen. Dennoch dürfte niemand im vorhinein darauf bauen, und es gilt hier wie bei allem Geistigen, was Doderer im Tagebuch so schön sagt: »Nie nehmen wollen, was nur hinzu gegeben werden kann. Nie suchen, was uns nur besuchen kann. Nie anheben am näheren Ende, wo sich am End' eh' alles von selbst aufhebt.«[93]

Schmerz und Erfahrung hängen seltsam genug zusammen. Unter dem Blickwinkel der Natur, der Physis, ist Schmerz ein Signal gegen alles, das als ein Neues als bedrohlich vermerkt wird. Vom Pneuma her gesehen, erwächst die Fruchtbarkeit der Erfahrung oft dort, wo wir uns unter Schmerzen weggeben. Deshalb ist auch alle Betrachtung des Schmerzes außerhalb der pneumatischen Perspektive nicht in der Lage, jenem Sinn zu verleihen. Alle Askese, alle Entbehrung und Not erhalten ja erst ihren Sinn im Blick auf das Ziel, das uns aber, Geheimnis des Geistigen, »hinzu gegeben« wird. Einem Zeitalter, welches das Ziel unter ausschließlichem Gesichtspunkt des Brauchbaren erblickt, muß der Schmerz denn auch folgerichtig ausschließlich unter dem Prinzip der Feindvermeidung erscheinen.

Damit aber wird Erfahrung gefährdet, am Ende sogar, wie Laing sagt, zerstört. Daraus leitet er überdies die unheimliche Konsequenz eines zerstörerischen Verhaltens ab. Die Aggression des Zusammenlebens ist die heute am deutlichsten sichtbare Folge zerstörter Erfahrung. Sie entspricht der Unfähigkeit, darauf zu warten, was nur hinzugegeben werden kann.

Neben der Phase der frühen Kindheit wird das spätere Leben in ganz entscheidender Weise von der sogenannten Reifezeit mitgeprägt. Insbesondere die Periode der Hochpubertät besteht in einer schmerzhaften Umstrukturierung des Persönlichkeitsgefüges, in einem Neinsagen zur bisherigen Geborgenheit, in einem ersten »perikulosen« Aufbruch ins Unbekannte. Die Pubertät stellt sozusagen für sich abgelöst die *eine* Seite der vollen Erfahrung dar, die mit dem Schmerz des Wachstums verbundene. Es ist deshalb auch von Bedeutung, daß ihr eine Zeit relativer Geborgenheit vorausgeht, die Grundfeste einer glücklichen Kindheit.

Das Leben zerfällt gleichsam in zwei Phasen, die später zu einer verschmelzen sollen. Die erste bedarf wesentlich der Ausbildung des Vertrauens, in ihr bildet sich auch der Boden für Religiosität aus. Frühkindliches Unglück bedroht das spätere Leben.

In der ersten Phase nehmen die Gefühle Gestalt an, entwickeln sich Neigungen und Abneigungen. Wo von geglückter Kindheit gesprochen werden kann, ist diese gewiß nicht von den Schattenseiten frei, aber das Unheilvolle begegnet noch gleichsam träumerisch. Die Entwicklung der Gefühle ist die Voraussetzung für späteres Mitfühlen. Denn das Fühlen bleibt nicht bei sich, und gerade die Phase der Pubertät bedeutet seine erste Erprobung – mit allem Schmerz der Enttäuschung.

Sich aus der Geborgenheit der Kindheit lösen, heißt schmerzlich zu sich kommen, bedeutet das Hervortreten des Ich in seiner ersten Freiheit. Das Überkommene wird verneint, man begehrt gegen das Gesetz auf, gegen den »Vater«.

Aber der Bruch mit dem frühkindlichen Vertrauen bedeutet nur eine Zwischenphase, und wie Jesus von der Aufgabe, wieder Kind zu werden spricht, so kommt es hier darauf an, das verlorengegangene Vertrauen wiederherzustellen. Wieder Kind werden setzt den Verlust der ersten Kindheit voraus. Ohne einen solchen schmerzlichen Verlust bliebe einer infantil. Das Ich ist gleichsam der erste Schritt zum mündigen Menschen, dessen Vollendung aber nicht darin besteht, daß er nun ein einsames Ich geworden ist, sondern darin, daß er einem Ich ein Du zu werden vermag. Die Fähigkeit anzunehmen und angenommen zu werden macht das aus, was wir Personsein nennen. Und wie der Vatername zum Synonym für das Gesetz wurde, von dem man sich in einer bestimmten Phase getrennt hat, so wird er nun zum Zeichen erneuerter Bejahung. Erfahren werden heißt auch, indem ich mich annehmen lasse, meine Identität zu gewinnen.

Man hat bezüglich einer mißglückten Kindheit nicht ohne einen gewissen Grund festgestellt: »Wenn die Lebensfreude schon früh verletzt wird, kann die Dimension des Unendlichen endgültig in die Brüche gehen.«[94] Es ist damit die Problematik der *Wieder*herstellung der Vertrauenssituation gemeint, und jede Wiederholung setzt ja voraus, daß ein Früheres schon einmal da war. Allerdings wissen wir nicht und niemals, ob ein Menschenleben auch hinsichtlich dieser Dimension mißglückt ist. Wie weit hinab die Verschüttung des Bedürfnisses nach Geborgenheit reicht, mag zuweilen eine tiefe Krise offenbaren. Die Erweckung eines Menschen, die hier durch den Schmerz zustande gebracht werden kann, gehört mit zu seiner geheimnisvollen und jeder Planung entzogenen Kraft.

b) Passion

Daß die Liebe zu Gott gehört, daß sich in ihr sein tiefstes Wesen offenbart, ist dem griechischen Mythos und der Philosophie nicht unvertraut. Es liegt hier nicht zuletzt jenes Moment vor, kraft dessen die christlichen Theologen ohne Zwang die griechische Philosophie aneignen konnten, um die Wahrheiten des Glaubens zu interpretieren. Aber der tiefgreifende Unterschied darf darüber nicht vergessen werden. Die griechischen Gottesvorstellungen mögen vielgestaltig sein und von den dunklen vorolympischen Gestalten bis zum Gott der Philosophen reichen. Je reiner ihr philosophisches Wesen zum Vorschein kommt, um so deutlicher zeigt sich als ein gemeinsamer Grundzug die Unfähigkeit zum Leiden. Am nächsten kommt dem Christentum noch jener vorolympische Titanensprößling Prometheus, der den Menschen das Feuer gebracht hat und nun von Zeus bestraft wird: Ungerechte Qualen muß er erleiden, wie die Menschen selbst.

Der aristotelische Gott dagegen ist nur um sich selbst bekümmert, und nur in dem Maß, als er geliebt wird, zieht er den Liebenden zu sich.

Demgegenüber ist der Gedanke der Feindesliebe das eigentlich Neue im Christentum. Er bedeutet eine Radikalisierung des schon im Judentum vorliegenden Gedankens der Nächstenliebe – in der Formulierung des Alten Testaments: »Räche dich nicht, und trage den Söhnen deines Volkes nicht nach, sondern liebe deinen Nächsten wie dich selbst« (Leviticus 19, 18). Das ist bereits eine ganz andere Art von Liebe als der Eros der Philosophen. Sie schließt die Annahme auch dessen ein, den ich mir nicht aussuchen kann, sie ist Anverwandlung des Fremden zum Bruder.

Noch einen Schritt weiter geht Jesus. Er tut dies ganz bewußt als eine Erweiterung des alten Gebotes: »Ihr habt gehört, daß gesagt ist: ›Liebe deinen Nächsten‹ und hasse deinen Feind. Ich aber sage euch: Liebet eure Feinde und betet für die, die euch verfolgen ...« (Mt 5, 43 f.) Die Universalität der Liebe endet auch nicht dort, wo mir schuldlos Unrecht zugefügt wird: »Wer dich auf die Wange schlägt, dem halte auch die andere hin, und dem, der dir den Mantel nimmt, verweigere auch den Rock nicht« (Lk 6, 29). Eine solche Liebe, die sich des Feindes annimmt, schließt damit von vornherein das Leiden ein. Es ist die umfassendste Annahme der Wirklichkeit, die denkbar ist.

Freilich kennt auch das Heidentum den Gedanken, daß man den Feind lieben solle. Dem stoischen Philosophen Seneca ist es nicht nur Pflicht, Gutes mit Gutem zu vergelten (was ohnedies selbstverständlich ist), sondern darüber hinaus Böses *nicht* mit Bösem. Aber hier geht es um die Erhaltung der Seelenruhe, hier wird, wie Rudolf Bultmann sagt, »die Liebesforderung durch den Humanitätsgedanken begründet«.[95] Bultmann macht dort sehr deutlich, daß Jesu Liebesangebot nicht von einem Wert des Menschen ausgeht – auch dies wäre antiker Humanismus, und zweifellos etwas sehr Achtbares –, sondern von der Hingabe an den anderen, so wie er ist und so, wie er mich braucht:

> »Bei Jesus ist die Liebesforderung nicht begründet durch den Hinweis auf den Wert des andern als Menschen, sondern durch seine Bedürftigkeit in der konkreten Situation; und die Feindesliebe ist nicht der Höhepunkt der allgemeinen Menschenliebe, sondern der Höhepunkt der Selbstüberwindung, des Verzichts auf den eigenen Anspruch.«[96]

Jesu Liebe schließt das Leiden bewußt ein. Der antike Gott leidet Qualen und erleidet sie ungerechterweise, und er weiß dies und empört sich dagegen. Darin liegt der wesentliche Unterschied zwischen der antiken und der christlichen Vorstellung.

Die griechische Gottesvorstellung kennt nur einen Gott aus der Fülle und dem Übermaß des Lebens. Daß Göttern Schmerzen widerfahren, ist nicht nur auf die überwundene vorolympische Göttergeneration der Titanen beschränkt. Auch Kränkung an der Seele ist ihnen nicht fremd, wie das Beispiel der Demeter, die um ihre geraubte Tochter Persephone klagt, zeigt. Aber dieses Leiden hat nichts mit dem konkreten Elend des einzelnen zu tun. Der von den betrunkenen Mänaden zerrissene Dionysos erlebt noch im Untergang den Triumph seiner Macht; Nietzsche erblickte darin mit Recht ein Gegenbild zum Gekreuzigten, dem leidenden Gottesknecht.

Der griechische Gott war eine Antwort auf die Frage nach dem Beständigen in all dem ewigen Werden und Vergehen. Das Unveränderliche ist das wahre Sein, das Unveränderliche ist jedoch – so jedenfalls will es der philosophisch gereinigte Mythos – leidenslos, selig in sich ruhend. Deshalb mußte der heidnischen Antike die christliche Frohbotschaft als eine Torheit, wie Paulus sagte, erscheinen, ja als ein theologisches Problem, weil hier ein leidender Mensch, der den schimpflichsten Tod mit seiner Hinrichtung am Kreuz starb, Gott genannt wird. Deshalb wurden die ersten Christen von ihren Gegnern átheoi genannt, Gottlose. Jesus hat ja den vielen Göttern des römischen Pantheons keinen neuen Gott hinzugefügt – was man ihm leicht hätte verzeihen können –, sondern er hat, wenn dies so vereinfachend gesagt werden darf, eine neue Lebenspraxis gelehrt, die es erlaubt, die Wirklichkeit in all ihrer Unvollkommenheit so anzunehmen, wie sie ist. Er wollte dem einzelnen Hoffnung bringen und das Vertrauen geben, das ihn selbst noch in der letzten Verlassenheit sagen ließ: »Abba, Vater, alles ist dir möglich. Laß diesen Kelch an mir vorübergehen. Doch nicht was ich will, sondern was du willst« (Mk 14,36 f).

Darin liegt keine Rechtfertigung des Leidens, wie sie der Fragestellung der Theodizee entspringt. Diese fragt aus dem Erschrecken vor dem Bösen in der Welt heraus, wie Gott es zulassen könne, daß zumal so viele Unschuldige leiden. Dostojewskis Iwan Karamasoff will in einem Spiel nicht mehr weiter mitmachen, bei dem die Schwächsten gerade, die Kinder, unter die Räder eines sinnlos bösen Geschehens kommen:

> »Ich will keine Harmonie, aus Liebe zur Menschheit will ich sie nicht. ... Lieber bleibe ich rachelos bei meinem ungerächten Leid und in meinem unstillbaren Zorn, *selbst wenn ich nicht im Recht wäre* ... Darum aber beeile ich mich, mein Eintrittsbillett zurückzugeben.«[97]

Für den Bruder Iwans, für den frommen Aljoscha, ist

dies Empörung. Ich glaube, daß die Empörung nicht nur und nicht in erster Linie in der Anklage gegen Gott, den Schöpfer dieser Welt, liegt, wie Hans Küng meint[98], sondern vor allem darin, daß sich jemand aus dem Spiel zurückziehen möchte, anstatt dazusein, da man ihn gerade angesichts des Leidens braucht.

Jesu Annahme der Passion bedeutet auch keine Beschönigung des Leidens. Er hat keine bessere Gesellschaft vor Augen, der einzelne zur Erreichung des Zieles zum Opfer zu bringen wären. So spricht Ernst Bloch vom »Verschwinden des letalen Nichts im sozialistischen Bewußtsein«[99]. Leid, wie Bloch es auffaßt, ist lediglich gesellschaftlich bedingt, gegenwärtiges Unheil ist Übergang zu einem Utopia umfassenden Heil:

> »Wobei die künftigen Menschen, denen der Held sich dergestalt opfert, wieder viel einfacher zu sterben haben. Ihr Leben ist nicht mehr gewalttätig abgekürzt, die Lebensangst selber, soweit die herrschende Klasse sie bereitet, nicht zuletzt und ganz umfassend durch Krieg, ist dahin.«[100]

Was als Problem übrigbleibt – jetzt seiner banalen Depressionen entkleidet –, ist der naturhafte Tod. Für Jesus dagegen ist »Himmel« nicht einer zukünftigen Gesellschaft vorbehalten, nicht einmal aufs Leben nach dem Tod beschränkt, sondern – wie er zu den Pharisäern auf die Frage, wann das Reich Gottes komme, sagt –: »das Reich Gottes ist mitten unter euch« (Lk 17,21).

Jesu Annahme der Passion ist keine Harmonisierung der Welt und keine Beschönigung des Leidens. Sondern es liegt in dieser Haltung eine vollständige Selbstannahme, ein Verhältnis zur Welt, das nur noch und in jedem Falle Liebe ist.

In seiner äußersten Not gebraucht Jesus das aramäische Wort »Abba«, das die besondere Innigkeit des Verhältnisses zum Vater anzeigt. Das bedeutet keine Rückkehr zum Kindsein, sondern ist Ausdruck des kindlichen Vertrauens, aus dem jeder Rest von Zurückhaltung und Vorbehalt gewichen ist. Solange der Mensch sich noch ans Leben klammert, fürchtet er dessen andere Seite, den Tod. Jesus hat auch diese letzte Furcht abgelegt, indem er sich in den Willen des Vaters schickt.

Jenseits aller Rechtfertigung Gottes steht die Annahme der Passion. Darin noch Gott zu erblicken, ist die äußerste Hingabe. Ein Augenzeuge von Auschwitz, Elie Wiesel, dokumentiert ein Ereignis, in dem das Gottvertrauen, das jüdische wie das christliche, in erschütternder Weise gegenwärtig wird:

> »Die SS erhängte zwei jüdische Männer und einen Jungen vor der versammelten Lagermannschaft. Die Männer starben rasch, der Todeskampf des Jungen dauerte eine halbe Stunde. ›Wo ist Gott? Wo ist er?‹ fragte einer hinter mir. Als nach langer Zeit der Junge sich immer noch am Strick quälte, hörte ich den Mann wieder rufen: ›Wo ist Gott jetzt?‹ Und ich hörte eine Stimme in mir antworten: ›Wo ist Er? Hier ist Er ... Er hängt dort am Galgen ...‹«[101]

c) Der Schmerz als Prüfstein der Liebe

In den bisherigen Überlegungen dieses Kapitels sollte deutlich werden, wie das Wachstum der Erfahrung vom

Schmerz begleitet wird. Alle Erfahrung vollendet sich in der Liebe, aber ihrem Wesen ist eine Rückhaltlosigkeit eigen, die auch noch den Schmerz annimmt, die in ihrer vollendeten Form das eigene Leben nicht schont.

Jesus hat in seiner Passion diese Liebe vollendet. Gleichwohl liegt nicht nur im Wort »Passion« ein passives Moment, das allen gerechten Zorn über den Schmerz und allen Willen, zu ändern, was zu ändern ist, auszuschließen scheint. Dies ist ein Angelpunkt der Kritik des zur Weltveränderung aufrufenden Marxismus, auch und gerade wo er aus einem Stück eigener Herkunft der jüdischen und christlichen Erfahrung Großes abzugewinnen versteht, wie dies bei Ernst Bloch der Fall war. Wir haben allerdings bereits auf die schwache Stelle aller diesbezüglichen Argumentation hingewiesen, nämlich auf die Toleranz gegenüber dem Leiden einzelner im Hinblick auf eine spätere, bessere Zukunft. Das tödlich Bedrohende des Nichts, alle Angst, alles Leid und alle Bosheit würden im sozialistischen Bewußtsein der Zukunft verschwinden, meint Bloch und bezieht daraus allen Sinn des gegenwärtigen Opfers einzelner. Der Opfertod des »kommunistischen Helden« überrage alles Martyrium, das in seinem »geistlichen Rausch« zuweilen sogar gegen physischen Schmerz unempfindlich gemacht habe. Für Blochs Helden dagegen gebe es das reinste Opfer, weil es »durch keinen Ostersonntag gemildert« erscheine.

> »Sein Karfreitag ist durch keinen Ostersonntag gemildert, gar aufgehoben, an dem er persönlich wieder zum Leben erweckt wird.«[102]

Die Möglichkeit einer solchen Annahme des äußersten Schmerzes, des Todes, erblickt Bloch nicht in der Hingabe der allumfassenden Bejahung, sondern darin, daß das einzelne personale Ich überhaupt aufgehoben sei – und zwar in das Bewußtsein der »Klasse«.

»So sehr ist das Personenbewußtsein im Klassenbewußtsein aufgenommen, daß es der Person nicht einmal entscheidend bleibt, ob sie auf dem Weg zum Sieg, am Tag des Siegs erinnert ist oder nicht.«[103]

Durchstreichung des Ichbewußtseins, also eine Art von Bewußtlosigkeit, wäre vorstellbar, es ist aber die Frage, wieweit jemand imstande ist, für eine Idee zu sterben. Jesu Passion zeigt ja das gerade Umgekehrte: Sie ist die äußerste Bezeugung der Treue – die in jedem Martyrium wiederholt wird –, als Person angenommen zu sein. Darin ist das Personsein vollendet.

Daher ist Jesu Passion keine Rechtfertigung Gottes im Sinne dessen, was Bloch in seiner unbestritten eindrucksvollen Interpretation dieses Opfertodes »das triumphierende Tribunbild hinter dem Tod am Kreuz«[104] nennt. Hier ist der Vater noch das Gesetz, und Bloch sieht bei allem Aufwand doch nicht die Möglichkeit eines Überganges zu einem neuen Kindsein (wobei dieses Wort für jenes Angenommensein steht). Im Geist des marxistischen Sozialismus herrscht der Aktivismus, das Bewußtsein der weltverändernden Kraft der Menschen. Nicht das himmlische Jerusalem – das nur »hinzu gegeben« werden kann! – wird erwartet, sondern ein sehr irdisches soll aus eigenem geschaffen werden: »ubi Lenin, ibi Jerusalem.«[105]

Vom Aktivismus der Weltveränderung her muß Jesu Leben und Sterben weithin folgenlos erscheinen. Von der Veränderung der Person her zeigt er sich freilich als der entschiedenste »Revolutionär«, dem es aber nicht um eine zukünftige Gesellschaft geht, sondern um den neuen Menschen – aus dem aber jederzeit und allerorts, wo zwei oder drei im Namen Jesu sich versammeln, ein gewandeltes Zusammenleben der Menschen entstehen kann.

Jesus lebte jenes Angenommensein als Liebe »bis zum Ende« (Joh 13,1). Von diesem Gedanken der Liebe her und zur Abhebung gegen die bloße Neigung hat die Überlieferung die Unterscheidung von amor benevolentiae und amor concupiscentiae vorgenommen. Man spricht daher von »selbstloser« und »begehrender« Liebe. Die zweite hat von der ersten freilich nur den Namen erborgt, sie ist einseitig und unerwachsen. Selbstliebe ist zwar keine eigentliche Liebe, aber sie ist wie diese, nur auf andere Weise, erfinderisch. Denn sie ist in Ausflüchten stark, die es ihr gestatten sollen, der Anstrengung und Hingabe im kleinen zu entgehen. Der Schein an Großherzigkeit hängt an ihr, solange keiner nach ihr ruft. Sie ist Trägheit unter vielerlei Gestalten, auch dort, wo man sie nicht vermuten würde. Sie ist in jener Traurigkeit des Herzens, der acedia, von der schon die alten Mönche sagten, daß zu ihr Unrast und Geschäftigkeit ebenso wie die Unfähigkeit zu wirksamem Handeln gehören. Thomas von Aquin, der in diesem Zusammenhang schon früher genannt wurde, hat nicht zuletzt ihrer Lieblosigkeit wegen die acedia unter die Todsünden gerechnet und (im Anschluß an 2 Kor 7,10) als die Betrübnis der Welt verstanden; diese führt, wie Paulus sagt, zum Tod. Das ist der allgegenwärtige schreckliche Tod, der das Leben schon tot macht, bevor es abstirbt, der Tod, der macht, daß einer nicht Person sein kann, daß Kinder nicht spielen dürfen, daß Menschen mitten unter anderen Menschen einsam bleiben müssen, daß es solche gibt, die unnütz sind. Auch dies bereitet Schmerz – aber das ist der Schmerz, der Folgen zeitigt, er ist, paulinisch gesprochen, eine »gottgewollte Betrübnis«, die zu einem Umschwung der Gesinnung (metanoia) führt.

Dieser Schmerz ist nicht weltverändernd, aber er tut am einzelnen Menschen das Seine. Er nimmt nicht vorweg, was nicht vorweggenommen werden kann, indem er über den einzelnen Bedürftigen hinwegsieht. Die Selbstliebe träumt von Weltveränderung, nicht zuletzt deshalb, weil sie in einer befriedeten Welt ungestörter wäre. Der amor benevolentiae ist nüchtern und daher treu im Kleinen.

In der Mühsal des Alltags, die von großen Entwürfen nicht aufgefangen werden kann, ist die Eigenliebe nur zu bald bloßgestellt. Sie beginnt ja zu ermüden, wo sie gefordert wird. Die wahre Liebe ist vorbehaltlos. In diesem Sinne sagt Martin Luther in seinem Kommentar zum Galaterbrief:

> »Darum ist das Kreuz die Bewährung und der sogenannte ›Prüfstein‹ der Liebe; bei ihm hast du keinen Grund mehr zu der Behauptung, die Liebe sei eine geheime Seelenbeschaffenheit und du könntest nicht wissen und spüren, ob du deinen Nächsten liebst.«[106]

In einem früheren Zusammenhang wurde vom mysterium iniquitatis, dem Geheimnis des Bösen gesprochen. Dieses liegt darin, daß Menschen einander Böses zufügen und damit das große Leid der Welt noch ins Ungemessene vermehren. Es zeigt sich nicht, solange man unter somatischer oder psychischer Perspektive das Problem betrachtet. Aus solchem Blickwinkel entstehen auch viele Vorschläge, die Dinge zum Besseren zu wenden. Diese können nützlich sein und in die Tiefe gehen, sie bleiben aber solange ohne Richtung, als diese nicht vom Pneuma gewiesen wird. Erst von diesem her empfangen sie ihren eigentlich menschlichen Sinn.

Der Mensch ist nie zunächst nur ein Lebewesen und sodann auch etwas »Höheres«. Er ist ursprünglich Person, und im Lichte des Persongedankens sind daher alle Entwürfe sonstiger Art zu sammeln. Die personale Dimension ist keine bloße Ergänzung, sondern die volle menschliche Wirklichkeit. So ist auch die somatische und die psychosomatische Behandlung des Schmerzes auf ein therapeuein im weiteren Sinne bezogen. Eine solche therapeia geht aller fachlichen Therapie voraus. Sie will nicht an ihre Stelle treten, sie verurteilt nicht den Fortschritt und nimmt dankbar die Möglichkeiten zur Kenntnis, die dem Menschen ein Mehr an gutem Leben schaffen. Der »Umsturz der Werte« beginnt erst dort, wo das Fachwissen meint, von sich aus den letzten Maßstab zu geben.

Jene therapeia ist, wie das synonyme Wort lautet, diakonia, Dienst. Wo nur der Nutzen zählt, dort kann Dienst nur unter dem Aspekt einer knechtischen Gesinnung verstanden werden. Als Frucht des Geistes aber ist Dienst eine wesentliche Bestimmung des menschlichen Zusammenlebens. Er wurzelt wie alles Mensch-mit-Mensch-Sein in der Freiheit des Annehmens und Angenommen-Werdens.

Von der Personalität des Menschen her, unter der »pneumatischen« Perspektive also, zeigt sich, daß es im Grunde genommen nicht um »den« Schmerz als pure »Sache« geht. Der Schmerz ist kein Vorkommnis, das von der Passion des Menschen abgelöst werden könnte. Dann aber wird sichtbar, daß alle Überlegungen über »den« Schmerz ihren letzten Sinn von der Liebe her empfangen.

NACHWORT

Am Ende dieser Abhandlung mag man sich fragen, was erreicht wurde und was erreicht werden konnte.

Der Traktat über den Schmerz ist zunächst in einem größeren Zusammenhang zu sehen. Zwar wäre vieles im Detail auszuführen gewesen, doch war es notwendig, die große Perspektive nicht aus den Augen zu verlieren. Der Schmerz wurde als Thema einer Anthropologie verstanden, die in sich selbst gedoppelt ist. Mit den von Paulus entlehnten Begriffen kann man vom »alten« Menschen und »neuen« Menschen sprechen. Man könnte in diesem Zusammenhang der von Rudolf Bilz so vortrefflich repräsentierten »Paläoanthropologie« eine »Neoanthropologie« ergänzend an die Seite stellen.

Die erstere ist heute in vielen Formen verbreitet, wenn auch nur bei Bilz ausdrücklich unter diesem Namen. Zu ihr gehören alle Forschungsrichtungen, die den Menschen in seiner Unfreiheit und animalischen Gebundenheit aufweisen. Das sind vor allem die Psychoanalyse und die Verhaltensforschung – selbst Sammelbegriffe für vielfältige Theorien. Auch die Soziologie und die Ethnologie gehören hierher. Ihre gemeinsame Aufgabe und ihr gemeinsames Ziel heißt: Aufklärung, und zwar Aufklärung der Bedingungen, unter denen das sich souverän wähnende Subjekt handelt.

Die genannten Forschungsrichtungen haben den himmelstürmenden Autonomieanspruch des modernen Menschen grundsätzlich in Frage gestellt und zu einem Klima der Bescheidung geführt. Ein einseitiger Spiritualismus, der von den konkreten Lebensbedingungen und von der animalischen Herkunft des Menschen absah, wurde damit in die Schranken gewiesen. Allerdings verkannte die andere Betrachtungsweise nun nicht minder die Person in ihrer ungeteilten Gesamtheit, wenn ihr das Geistige nur als Ausdruck sublimierten Trieblebens erschien. Sie begab sich in die Gefahr aller Aufklärung, die ja nach Immanuel Kants berühmter Definition »der Ausgang des Menschen aus seiner selbst verschuldeten Unmündigkeit«[107] ist. Denn die notwendig emanzipatorische Seite der Aufklärung, das Moment des Abstoßens vom Alten, ließ häufig vergessen, daß es vor allem darauf ankäme, sich eines neuen Zieles bewußt zu werden. Das Bewußtsein eines bestimmten Zieles hatten deshalb vor allem jene Forscher deutlich vor Augen, die nicht davon abließen, nach der menschlichen Person als ganzer zu fragen; Viktor-Emil von Gebsattel und Viktor von Weizsäcker wurden in diesem Zusammenhang genannt, auf Viktor E. Frankl soll hier noch hingewiesen werden[108].

Der Auseinandersetzung mit dem Christentum mußte im Zusammenhang mit dem konkreten Thema eine besondere Bedeutung zukommen. Man hat es eine Religion der Schwachen genannt und ihm Todfeindschaft gegen das Leben unterstellt. In Friedrich Nietzsches Kritik der Religion und der Moral erhielt die Kritik am Christentum ihren unüberbietbaren Ausdruck. Aber Nietzsche hatte ein weltflüchtiges Christentum vor Augen, das sich feige vor der Verantwortung drückte und gleichwohl mit den weltlichen Mächten paktierte. Dies entsprach aber auf das entschiedenste der Absicht seines Stifters. Diese Absicht ist mit dem Wort »Frohbotschaft« vollständig ausgedrückt. Das Entscheidende dieser frohen Botschaft liegt nun gerade darin, daß sie das Leben in seiner ungeschmälerten Konkretheit anzunehmen auffordert. Christentum ist keine Jenseitsvertröstung, sondern die Lehre einer Lebenspraxis, innerhalb derer der Tod seinen Stachel verloren hat. Es wäre Flucht und Vertröstung, wollte es eine solche Haltung als ein für allemal erreichbar lehren. Es geht nicht um den stoischen Rückzug vor der Welt, sondern darum, in Gemeinschaft eine derartige Praxis stets erneut zu bewähren. Das Christentum zeigt, daß eine solche Praxis nicht unmöglich ist, es zeigt die Wirklichkeit einer solchen Lebensführung in der Person Jesu. All seine Einfachheit und Schwierigkeit zugleich läßt sich dabei mit dem Wort »Nachfolge« bezeichnen. Diese ist schwierig, weil sie getan werden muß. Sie ist aber insofern einfach, als konkrete Aussagen über den Menschen in seiner Konkretheit vorliegen. Was Franz Rosenzweig bezüglich das Alten Testaments gesagt hat, gilt auch für das Neue:

> »Was in der Bibel steht, kann man auf zwei Wegen kennen lernen, 1. indem man hört was sie sagt, 2. indem man dem Schlagen des menschlichen Herzens lauscht. (›Induktion‹ ist beides.) *Die Bibel und das Herz sagen das Gleiche.*«[109]

Die Bedeutung der Bibel liegt also schlicht darin, daß sie auf die konkrete Lebenswirklichkeit des Menschen eingeht. Jesus spricht Worte des Lebens nicht zu einer weltabgesonderten Gemeinschaft, sondern zu allen. Erst aus der Unfähigkeit oder dem Unwillen zur Nachfolge entspringt der Konflikt. Er wird dadurch spürbar, daß wir eine Möglichkeit erblicken, vom Tod-im-Leben freizuwerden und diese Möglichkeit nicht ergreifen. So wird der Tod, der in der Ängstlichkeit und Kleinmut das Alltags da ist, im Habenwollen und im Prestigedenken und nicht zuletzt in der vermeintlichen Überlegenheit des Intellekts, nur um so fühlbarer. Daraus entspringt im letzten die Schwermut.

Im Lichte dieser Überlegungen stellt der Schmerz ein besonderes Thema dar. Er ist – in all seinen Dimensionen – der Ausdruck einer Krise, die zur Stellungnahme auffordert. Das Verhältnis, das zu ihm gewonnen werden kann, entscheidet über Leben und Tod. In ihm offenbart sich, daß wir so oder so zu einem Ende kommen müssen, daß wir sterblich sind, das heißt der Krankheit, dem Altern und dem Tod ausgesetzt. In einer Zeit des Bruches mit alten kulturellen Überlieferungen ist es dabei besonders notwendig, der stummen Möglichkeit, welche der Schmerz darstellt, Sprache zu verleihen.

In der Form des Traktates hatte dies, wie schon in der Einleitung angedeutet, etwas Vorläufiges und Versuchshaftes. Es mag inzwischen deutlicher geworden sein, worin dies besteht: nämlich darin, daß es Hinweis auf ein *Tun* ist und in diesem Hinzeigen seine Bedeutung erschöpft.

Die Gegenwart steht vor weltweiten Schwierigkeiten. Man beginnt zunehmend an deren Bewältigung zu zweifeln. Ohne sich entmutigen zu lassen, müßte man aber zuvor erkennen, daß jene aus einem gemeinsamen Ursprung entstammen, aus unserer Trägheit, die aus dem »alten« Menschen kommt. Darin erfüllt sich auch der

Sinn des »Erbaulichen« dieser Abhandlung, gemäß dem Apostelwort:

»Die Erkenntnis bläht auf, die Liebe erbaut.«[110]

ANMERKUNGEN

[1] *M. Heidegger:* Aus der Erfahrung des Denkens. Pfullingen 1954, S. 13.

[2] *L. Kolakowski:* Die Gegenwärtigkeit des Mythos. München [2]1974, S. 106ff (Serie Piper, Band 49).

[3] Das Problem einer Begegnung mit Kulturen, denen der europäische Geist von Haus aus fremd war, bleibt hier ausgespart.

[4] Vgl. dazu vom Verf.: Stadien der Existenz. Eine Untersuchung über den Existenzbegriff Sören Kierkegaards. Wien u. a. 1979, S. 23ff.

[5] In Klammern ist jeweils *eines* von mehreren möglichen Beispielen gesetzt; es muß nicht einmal besonders signifikant sein. Die Einheit des »Psychischen« und des »Somatischen« liegt dabei, wie noch zu zeigen, im »Pneumatischen«.

[6] Der Singular bezeichnet die Qualität (stechender Schmerz, chronischer Schmerz), der Plural die Dauer.

[7] Hier spielt häufig das Psychische eine große Rolle, doch ist der Leib immer im Spiel (das oder die Leiden unseres Herrn).

[8] *E. Jünger:* Über den Schmerz. In: Werke, Band 5. Stuttgart o. J., S. 151.

[9] *Richard Koch:* Vom Sinn des Krankseins. In: Karl E. Rothschuh (Hrsg.): Was ist Krankheit? Darmstadt 1975, S. 142.

[10] Über diese Bestimmung vgl. I. Teil, 3. Kapitel.

[11] Trauer und Melancholie. In: Studienausgabe Band III. Frankfurt 1975, S. 197ff.

[12] Griech. *pneuma* = lat. *spiritus* = Geist.

[13] *Thomas von Aquin:* Summa theologica II – II, quaestio 35.

[14] *Josef Pieper:* Das Viergespann. Freiburg u. a. 1970, S. 276.

[15] *Martin Buber:* Die Erzählungen der Chassidim. Zürich 1949, S. 764.

[16] Zitiert nach *Henri Dumoulin:* Begegnung mit dem Buddhismus. Freiburg 1978, S. 33.

[17] Im Griechischen ein Reim: *pathos – mathos* bzw. *pathein – mathein.* Vgl. dazu die wichtigen Ausführungen bei *Heinrich Dörrie:* Leid und Erfahrung. Mainz-Wiesbaden 1956, bes. S. 36ff.

[18] Vers 1224ff.

[19] Genesis 3, 16.

[20] Apk 21, 1; 21, 5.

[21] Apk 21, 4; vgl. Jesaja 25, 6ff.

[22] Wenn *Gershom Scholem* (Judaica 1. Frankfurt 1968, S. 7f) den Unterschied von Juden- und Christentum darin sieht, daß dieses »die Erlösung als einen Vorgang im geistigen Bereich und im Unsichtbaren ergreift, der sich in der Seele, in der Welt jedes einzelnen, abspielt, und der eine geheime Verwandlung bewirkt, der nichts Äußeres in der Welt entsprechen muß«, so kann dies jedenfalls nicht meinen, daß der Versuch, sich selbst zu retten, ohne die ganze Welt mit retten zu wollen, genuin christlich ist.

[23] Vgl. Mk 8, 29ff.

[24] Mk 8, 31; Lk 9, 22.

[25] Der Sprachgebrauch schwankt hier. Die Zugehörigkeit der Wissenschaft zur Kultur setzt allerdings voraus, daß deren Leitvorstellungen immer noch maßgeblich sind, und die einzelnen Wissenschaften sich nicht verselbständigt haben.

[26] *Saeculum* = Zeitalter, Welt.

[27] Vgl. *Endre Zsindely:* Krankheit und Heilung im älteren Pietismus. Stuttgart 1962.

[28] Nach *Joseph Weizenbaum:* Die Macht der Computer und die Ohnmacht der Vernunft. Frankfurt 1977, S. 187.

[29] Vgl. *Joseph Weizenbaum,* a. a. O., S. 14ff.

[30] *Josef Pieper:* Grundformen sozialer Spielregeln. Frankfurt [5]1966, S. 62.

[31] *Sören Kierkegaard:* Eine literarische Anzeige. 17. Abteilung der Gesammelten Werke. Düsseldorf 1954, S. 99.

[32] *Josef Pieper:* Das Viergespann. Freiburg u. a. 1970, S. 165.

[33] *B. Hassenstein:* Das spezifisch Menschliche nach den Resultaten der Verhaltensforschung. In: Neue Anthropologie (hrsg. v. *H.-G. Gadamer* und *P. Vogler*), Band 2. Stuttgart 1972, S. 85.

[34] Eine eigene Gruppe bilden neuerdings die »Schnüffelstoffe«, diverse Lösungsmittel, deren Einatmung gleichfalls zu euphorischen Zuständen und psychischer Abhängigkeit führt.

[35] Nach *F. C. Redlich – D. X. Freedman:* Theorie und Praxis der Psychiatrie. Frankfurt 1976, S. 1002.

[36] *Helga Hausmann:* Psychologie des Schmerzes und Schmerzmittelmißbrauchs. Bern 1968, S. 164.

[37] Ebd., S. 169.

[38] Ebd., S. 177.

[39] *Rudolf Bilz:* Studien über Angst und Schmerz. Frankfurt 1974, S. 191f.

[40] Griech. *palaios* = alt, *anthropos* = Mensch.

[41] Mk 8, 35 und Parallelstellen.

[42] *Rudolf Bilz,* a. a. O., S. 191.

[43] *Franz Rosenzweig:* Der Stern der Erlösung. Haag [4]1976, S. 418.

[44] *Johannes Messner:* Kulturethik. Innsbruck u. a. 1954, III. Teil.

[45] *Leszek Kolakowski:* Die Gegenwärtigkeit des Mythos. München [2]1974, S. 114f.

[46] Ebd., S. 118.

[47] *Max Scheler:* Philosophische Weltanschauung. Bern 1954, S. 62.

[48] *Karl Steinbuch:* Automat und Mensch. Berlin [3]1965, S. 9.

[49] *Heinrich Schipperges:* Utopien der Medizin. Salzburg 1968, S. 98.

[50] Ebd., S. 62.

[51] Ebd., S. 209.

[52] *René Descartes:* Regulae ad directionem ingenii. Lateinisch-deutsche Ausgabe. Hamburg 1973, S. 13.

[53] In: Was ist Krankheit? Hrsg. v. *Karl E. Rothschuh.* Darmstadt 1975, S. 235.

[54] Von griech. *psyche* = Seele und *soma* = Leib.

[55] *Rudolf Bilz:* Studien über Angst und Schmerz, a. a. O., S. 101ff.

[56] Rö 8, 18 – 19 und 22. – Ich kann in diesem Zusammenhang nur kurz auf die sich daranschließende schöne Deutung Schellings hinweisen, die dieser in seiner Darstellung des philosophischen Empirismus gab. Er sagt dort u. a.: »... für das, was nicht Gott ist, ist entweder überhaupt kein Theil an göttlicher Freude, *oder* es kann nur durch Schmerz zur Freude, durch Leiden zur Herrlichkeit gelangen« (Schellings Werke – Jubiläumsdruck, fünfter Hauptband. München 1965, S. 312).

[57] *Albert Schweitzer:* Kultur und Ethik. München 1972, S. 341.

[58] Griechisch *krinein* = unterscheiden.

[59] *Viktor von Weizsäcker:* Der Arzt und der Kranke. In: Was ist Krankheit?, a. a. O., S. 218.

[60] Ebd.

[61] *Viktor-Emil von Gebsattel:* Zur Sinnstruktur der ärztlichen Handlung. In: Was ist Krankheit?, a. a. O., S. 246.

[62] Ebd., S. 247.

[63] Ich verweise in diesem Zusammenhang besonders auf *Viktor E. Frankl:* ... trotzdem Ja zum Leben sagen. Ein Psychologe erlebt das Konzentrationslager. München [3]1979.

[64] *M. Merleau-Ponty:* Phänomenologie der Wahrnehmung. Berlin 1966, S. 210f.

[65] *Ferdinand Ebner:* Schriften I. München 1963, S. 90f.

[66] *Martin Buber:* Das dialogische Prinzip. Heidelberg [4]1979, S. 179f.

[67] *M. Merleau-Ponty:* Phänomenologie der Wahrnehmung, a. a. O., S. 222.

[68] Ebd., Anm. 15.

[69] *F. Ebner:* Schriften I, a. a. O., S. 164.

[70] *L. Kolakowski:* Die Gegenwärtigkeit des Mythos, a. a. O., S. 113. – Das Christentum daraufhin so sehr festzulegen, wie Kolakowski dies tut, ist allerdings eine krasse Verzeichnung – ohne deshalb gerade von Christen begangene Untaten beschönigen zu wollen.

[71] In den Philosophischen Untersuchungen, Nr. 23, hat *Wittgenstein* eine Reihe solcher Sprachspiele aufgezählt.

[72] *L. Wittgenstein:* Philosophische Untersuchungen. Frankfurt 1967, S. 24. – Da auf die damit implizierten philosophischen Probleme hier nicht näher eingegangen werden kann, sei verwiesen auf die ausgezeichnete Arbeit von *B. Casper:* Sprache und Theologie. Freiburg u. a. 1975, bes. S. 34ff.

[73] a. a. O., S. 48f.

[74] Sendung des ORF vom 4. August 1979.

[75] *R. Kautzky* (Hrsg.): Sterben im Krankenhaus. Freiburg u. a. 1976, S. 79f (Herder-Bücherei 561).

[76] Ebd., S. 150.

[77] *Dorothee Sölle:* Sympathie. Stuttgart 1978, S. 49.

[78] *Ferdinand Ebner:* Schriften I, a. a. O., S. 656.

[79] *Augustinus:* Bekenntnisse. Übertragen und eingel. von H. Schiel. Freiburg 1959, S. 230.

[80] Ebd., S. 258.

[81] *E. Stengel:* Selbstmord und Selbstmordversuch. Frankfurt 1969, S. 120.

[82] *H. Küng:* Gott und das Leid. Einsiedeln ²1968, S. 28f.

[83] *E. Stengel,* a. a. O., S. 120.

[84] *Heraklit,* Fragment 115.

[85] *Lao-tse:* Tao-tê-king. Übersetzung, Einleitung und Anmerkungen von Günther Debon. Stuttgart 1961 (Reclam 6798/98a).

[86] Ebd., S. 50.

[87] *F. Ebner:* Schriften II. München 1963, S. 811.

[88] *F. Nietzsche:* Werke in drei Bänden. Darmstadt 1963. Band I, S. 486.

[89] Ebd., S. 1053.

[90] Ebd., Band II, S. 201.

[91] Phänomenologie der Erfahrung. Frankfurt ⁷1975, S. 22.

[92] Brief vom 13. Mai 1854.

[93] *Heimito von Doderer:* Tangenten. München 1968, S. 238.

[94] *Antoine Vergote:* Psychologie der Religion. Olten-Freiburg 1970, S. 216.

[95] *R. Bultmann:* Jesus. München-Hamburg ³1967, S. 78.

[96] Ebd., S. 79.

[97] *F. Dostojewski:* Die Brüder Karamasoff. Übertragen von *E. K. Rashin.* München 1959, S. 399.

[98] Gott und das Leid, a.a.O., S. 25.

[99] Titel eines Abschnittes im Prinzip Hoffnung. Frankfurt 1959, S. 1378.

[100] Ebd., S. 1381.

[101] Zitiert nach *Jürgen Moltmann:* Der gekreuzigte Gott. München ²1973, S. 262.

[102] Das Prinzip Hoffnung, a. a. O., S. 1378.

[103] Ebd., S. 1379f. Für eine ausführlichere Diskussion weise ich hier hin auf *Fridolin Wiplinger:* Der personal verstandene Tod. Freiburg-München 1970, S. 97ff.

[104] Ebd., S. 1500.

[105] Ebd., S. 711.

[106] Calwer Luther-Ausgabe, Band 10. München-Hamburg 1968, S. 231.

[107] Kants Werke. Akademie-Ausgabe Band VIII. Berlin 1923, S. 35.

[108] Ich nenne in diesem Zusammenhang nur: *Viktor E. Frankl:* Der Wille zum Sinn. Ausgewählte Vorträge über Logotherapie. Bern u. a. 1972.

[109] *Franz Rosenzweig:* Briefe und Tagebücher. 2. Band. Haag 1979, S. 708f.

[110] 1 Kor 8, 1.